Émile Durkheim et Marcel MAUSS

De quelques formes primitives de classification

« De quelques formes de classification - contribution à l'étude des représentations collectives ». Année sociologique, 6, (1903).

Copyright © 2022 by Culturea
Édition : Culturea 34980 (Hérault)
Impression : BOD - In de Tarpen 42, Norderstedt (Allemagne)
ISBN : 9782385088415
Dépôt légal : Novembre 2022

De quelques formes primitives de classification [1]

par Émile Durkheim et Marcel Mauss (1903)

Les découvertes de la psychologie contemporaine ont mis en évidence l'illusion si fréquente qui nous fait prendre pour simples et élémentaires des opérations mentales, en réalité fort complexes. Nous savons maintenant de quelle multiplicité d'éléments s'est formé le mécanisme en vertu duquel nous construisons, projetons au-dehors, localisons dans l'espace nos représentations du monde sensible. Mais ce travail de dissociation ne s'est encore que bien rarement appliqué aux opérations proprement logiques. Les facultés de définir, de déduire, d'induire, sont généralement considérées comme immédiatement données dans la constitution de l'entendement individuel. Sans doute, on sait depuis longtemps que, au cours de l'histoire, les hommes ont appris à se servir de mieux en mieux de ces diverses fonctions. Mais il n'y aurait eu de changements importants que dans la manière de les employer; dans leurs traits essentiels, elles auraient été constituées dès qu'il y a eu une humanité. On ne songeait même pas qu'elles aient pu se former par un pénible assemblage d'éléments emprun-tés aux sources les plus différentes, les plus étrangères à la logique, et laborieusement organisés. Et cette conception n'avait rien de surprenant tant que le devenir des facultés logiques passait pour ressortir à la seule psychologie individuelle, tant qu'on n'avait pas encore eu l'idée de voir dans les méthodes de la pensée scientifique de

---

[1]   « De quelques formes de classification - contribution à l'étude des représentations collectives ». *Année sociologique, 6, (1903).*

véritables institutions sociales dont la sociologie seule peut retracer et expliquer la genèse.

Les remarques qui précèdent s'appliquent tout particulièrement à ce que nous pourrions appeler la fonction classificatrice. Les logiciens et même les psychologues prennent d'ordinaire comme simple, comme inné ou, tout au moins, comme institué par les seules forces de l'individu, le procédé qui consiste à classer les êtres, les événements, les faits du monde en genres et en espèces, à les subsumer les uns sous les autres, à déterminer leurs rapports d'inclusion ou d'exclusion. Les logiciens considèrent la hiérarchie des concepts comme donnée dans les choses et immédiatement exprimable par la chaîne infinie des syllogismes. Les psychologues pensent que le simple jeu de l'association des idées, des lois de contiguïté et de similarité entre les états mentaux, suffisent à expliquer l'agglutination des images, leur organisation en concepts, et en concepts classés les uns par rapport aux autres. Sans doute, en ces derniers temps, une théorie moins simple du devenir psychologique s'est fait jour. On a émis l'hypothèse que les idées se groupaient pas seulement d'après leurs affinités mutuelles, mais aussi suivant les rapports qu'elles soutiennent avec les mouvements. Néanmoins, quelle que soit la supériorité de cette explication, elle ne laisse pas de présenter la classification comme un produit de l'activité individuelle.

Il y a pourtant un fait qui, à lui seul, pourrait suffire à indiquer que cette opération a d'autres origines : c'est que la manière dont nous l'entendons et la pratiquons est relativement récente. Pour nous, en effet, classer les choses, c'est les ranger en groupes distincts les uns des autres, séparés par des lignes de démarcation nettement déterminées. De ce que l'évolutionnisme moderne nie qu'il y ait entre eux un abîme infranchissable, il ne s'ensuit pas qu'il les confonde jusqu'à réclamer le droit de les déduire les uns des autres. Il y a, au fond de notre conception de la classe, l'idée d'une circonscription aux contours arrêtés et définis. Or, on pourrait presque dire que cette conception de la classification ne remonte pas au-delà d'Aristote. Aristote est le premier qui ait proclamé l'existence et la réalité des différences spécifiques, démontré que le moyen était cause et qu'il n'y avait pas de passage direct d'un genre à l'autre. Platon avait un bien moindre sentiment de cette distinction et de cette organisation hiérarchique, puisque, pour lui, les genres étaient, en un sens, homogènes et pouvaient se réduire les uns aux autres par la dialectique.

Non seulement notre notion actuelle de la classification a une histoire, mais cette histoire elle-même suppose une préhistoire considérable. On ne saurait, en effet, exagérer l'état d'indistinction d'où l'esprit humain est parti. Même aujourd'hui, toute une partie de notre littérature populaire, de nos mythes, de nos religions, est basée sur une confusion fondamentale de toutes les images, de toutes les idées. Il n'en est pas pour ainsi dire qui soient, avec quelque netteté, séparées des autres. Les métamorphoses, les transmissions de qualités, les substitutions de personnes, d'âmes et de corps, les croyances relatives à la matérialisation des esprits, à la spiritualisation d'objets matériels, sont des éléments de la pensée religieuse ou du folklore. Or l'idée même de semblables transmutations ne pourrait pas naître si les choses étaient représentées dans des concepts délimités et classés. Le dogme chrétien de la transsubstantiation est une conséquence de cet état d'esprit et peut servir à en prouver la généralité.

Cependant, cette mentalité ne subsiste plus aujourd'hui dans les sociétés européennes qu'à l'état de survivance, et, même sous cette forme, on ne la retrouve plus que dans certaines fonctions, nettement localisées, de la pensée collective. Mais il y a d'innombrables sociétés où c'est dans le conte étiologique que réside toute l'histoire naturelle, dans les métamorphoses, toute la spéculation sur les espèces végétales et animales, dans les cycles divinatoires, les cercles et carrés magiques, toute la prévision scientifique. En Chine, dans tout l'Extrême-Orient, dans toute l'Inde moderne, comme dans la Grèce et la Rome anciennes, les notions relatives aux actions sympathiques, aux correspondances symboliques, aux influences astrales non seulement étaient ou sont très répandues, mais encore épuisaient ou épuisent encore la science collective. Or ce qu'elles supposent, c'est la croyance en la transformation possible des choses les plus hétérogènes les unes dans les autres et, par suite, l'absence plus ou moins complète de concepts définis.

Si nous descendons jusqu'aux sociétés les moins évoluées que nous connaissions, celles que les Allemands appellent d'un terme un peu vague les *Naturvölker,* nous trouverons une confusion mentale encore plus absolue. Ici, l'individu lui-même perd sa personnalité. Entre lui et son âme extérieure, entre lui et son totem, l'indistinction est complète. Sa personnalité et celle de son *fellow-animal* ne font qu'un. L'identification est telle que l'homme prend les caractères de la chose ou de l'animal dont il est ainsi rapproché. Par exemple, à Mabuiag, les gens du clan du crocodile passent pour avoir le tempérament du crocodile : ils sont fiers, cruels, toujours prêts à la bataille. Chez certains Sioux il y a une section de la tribu qui est dite rouge et qui comprend les clans du lion des montagnes, du buffle, de l'élan, tous animaux qui se caractérisent par leurs instincts violents; les membres de ces clans sont, de naissance, des gens de guerre tandis que les agriculteurs, gens naturellement paisibles, appartiennent à des clans dont les totems sont des animaux essentiellement pacifiques.

S'il en est ainsi des hommes, à plus forte raison en est-il de même des choses. Non seulement entre le signe et l'objet, le nom et la personne, les lieux et les habitants, il y a une indifférenciation complète, mais, suivant une très juste remarque que fait M. von den Steinen à propos des Bakairis [1] et des Bororos, le « principe de la *generatio æquivoca* est prouvé pour le primitif ». C'est de bonne foi que le Bororo s'imagine être en personne un arara; du moins, s'il ne doit en prendre la forme caractéristique qu'une fois mort, dès cette vie, il est à l'animal ce que la chenille est au papillon. C'est de bonne foi que les Trumai sont réputés être des bêtes aquatiques. « Il manque à l'Indien notre détermination des genres les uns par rapport aux autres, en tant que l'un ne se mélange pas à l'autre. » Les animaux, les hommes, les objets inanimés ont été presque toujours conçus à l'origine comme soutenant les uns avec les autres des

---

[1]   Anciens Caraïbes, actuellement localisés sur le Xingu.

rapports de la plus parfaite identité. Les relations entre la vache noire et la pluie, le cheval blanc ou rouge et le soleil sont des traits caractéristiques de la tradition indo-européenne; et l'on pourrait multiplier à l'infini les exemples.

Au reste, cet état mental ne diffère pas très sensiblement de celui qui, maintenant encore, à chaque génération, sert de point de départ au développement individuel. La conscience n'est alors qu'un flot continu de représentations qui se perdent les unes dans les autres, et quand des distinctions commencent à apparaître, elles sont toutes fragmentaires. Ceci est à droite et ceci est à gauche, ceci est du passé et ceci du présent, ceci ressemble à cela, ceci a accompagné cela, voilà à peu près tout ce que pourrait produire même l'esprit de l'adulte, si l'éducation ne venait lui inculquer des manières de penser qu'il n'aurait jamais pu instaurer par ses seules forces, et qui sont le fruit de tout le développement historique. On voit toute la distance qu'il y a entre ces distinctions et ces groupements rudimentaires, et ce qui constitue vraiment une classification.

Bien loin donc que l'homme classe spontanément et par une sorte de nécessité naturelle, au début, les conditions les plus indispensables de la fonction classificatrice font défaut à l'humanité. Il suffit d'ailleurs d'analyser l'idée même de classification pour comprendre que l'homme n'en pouvait trouver en lui-même les éléments essentiels. Une classe, c'est un groupe de choses; or les choses ne se présentent pas d'elles-mêmes ainsi groupées à l'observation. Nous pouvons bien apercevoir plus ou moins vaguement leurs ressemblances. Mais le seul fait de ces similitudes ne suffit pas à expliquer comment nous sommes amenés à assembler les êtres qui se ressemblent ainsi, à les réunir en une sorte de milieu idéal, enfermé dans des limites déterminées et que nous appelons un genre, une espèce, etc. Rien ne nous autorise à supposer que notre esprit, en naissant, porte tout fait en lui le prototype de ce cadre élémentaire de toute classification. Sans doute, le mot peut nous aider à donner plus d'unité et de consistance à l'assemblage ainsi formé; mais si le mot est un moyen de mieux réaliser ce groupement une fois qu'on en a conçu la possibilité, il ne saurait par lui-même nous en suggérer l'idée. D'un autre côté, classer, ce n'est pas seulement constituer des groupes - c'est disposer ces groupes suivant des relations très spéciales. Nous nous les représentons comme coordonnés ou subordonnés les uns aux autres, nous disons que ceux-ci (les espèces) sont inclus dans ceux-là (les genres), que les seconds subsument les premiers. Il en est qui dominent, d'autres qui sont dominés, d'autres qui sont indépendants les uns des autres. Toute classification implique un ordre hiérarchique dont ni le monde sensible ni notre conscience ne nous offrent le modèle. Il y a donc lieu de se demander où nous sommes allés le chercher. Les expressions mêmes dont nous nous servons pour le caractériser autorisent à présumer que toutes ces notions logiques sont d'origine extra-logique. Nous disons que les espèces d'un même genre soutiennent des rapports de parenté; nous appelons certaines classes des familles; le mot de genre lui-même ne désignait-il pas primitivement un groupe familial ([en grec dans le texte : « genos »]) ? Ces faits tendent à faire conjecturer que le schéma de la classification n'est pas un produit spontané de l'entendement abstrait, mais résulte d'une élaboration dans laquelle sont entrés toutes sortes d'éléments étrangers.

Bien entendu, ces remarques préliminaires n'ont nullement pour objet de résoudre le problème, ni même d'en préjuger la solution, mais seulement de montrer qu'il y a là un problème qui doit être posé. Loin que l'on soit fondé à admettre comme une évidence que les hommes classent tout naturellement, par une sorte de nécessité interne de leur entendement individuel, on doit, au contraire, se demander qu'est-ce qui a pu les amener à disposer leurs idées sous cette forme et où ils ont pu trouver le plan de cette remarquable disposition. Cette question, nous ne pouvons même pas songer à la traiter ici dans toute son étendue. Mais, après l'avoir posée, nous voudrions réunir un certain nombre de renseignements qui sont, croyons-nous, de nature à l'éclairer. En effet, la seule manière d'y répondre est de rechercher les classifications les plus rudimentaires qu'aient faites les hommes, afin de voir avec quels éléments elles ont été construites. Or nous allons rapporter dans ce qui suit un certain nombre de classifications qui sont certainement très primitives et dont la signification générale ne paraît pas douteuse.

Cette question n'a pas encore été posée dans les termes que nous venons de dire. Mais parmi les faits dont nous aurons à nous servir au cours de ce travail, il en est qui ont été déjà signalés et étudiés par certains auteurs. M. Bastian s'est occupé, à maintes reprises, des notions cosmologiques dans leur ensemble et il en a assez souvent tenté des sortes de systématisations. Mais il s'est surtout attaché aux cosmologies des peuples orientaux et à celles du moyen âge, énumérant plutôt les faits qu'il ne cherchait à les expliquer. Pour ce qui est des classifications plus rudimentaires, M. Howitt d'abord, M. Frazer ensuite en ont donné déjà plusieurs exemples. Mais ni l'un ni l'autre n'en ont senti l'importance au point de vue de l'histoire de la logique. Nous verrons même que l'interprétation que M. Frazer donne de ces faits est exactement l'inverse de celle que nous proposerons.

I

Les systèmes de classification les plus humbles que nous connaissions sont ceux que l'on observe dans les tribus australiennes.

On sait quel est le type d'organisation le plus répandu dans ces sortes de sociétés. Chaque tribu est divisée en deux grandes sections fondamentales que nous appelons des phratries [1]. Chaque phratrie, à son tour, comprend un nombre de clans, c'est-à-dire

---

[1]   Cette terminologie, on le sait, n'est pas adoptée par tous les auteurs. Il en est beaucoup qui emploient de préférence le mot de classes. Il en résulte des confusions regrettables avec les classes

de groupes d'individus porteurs d'un même totem. En principe, les totems d'une phratrie ne se retrouvent pas dans l'autre phratrie. Outre cette division en clans, chaque phratrie est divisée en deux classes que nous appellerons matrimoniales. Nous leur donnons ce nom parce que cette organisation a, avant tout, pour objet de régler les mariages : une classe déterminée d'une phratrie ne peut contracter de mariage qu'avec une classe déterminée de l'autre phratrie. L'organisation générale de la tribu prend aussi la forme suivante.

PHRATRIE I	Classe matrimoniale A Classe matrimoniale B	Clan de l'emou, Clan du serpent, Clan de chenille, etc.
PHRATRIE II	Classe matrimoniale A' Classe matrimoniale B'	Clan du kangourou, Clan de l'opossum, Clan du corbeau, etc. [1]

Les classes désignées par une même lettre (A, A' et B, B') sont celles qui ont entre elles le connubium.

Tous les membres de la tribu se trouvent ainsi classés dans des cadres définis et qui s'emboîtent les uns dans les autres. Or la classification des choses reproduit cette classification des hommes.

Déjà M. Cameron avait remarqué que, chez les Ta-ta-This [2] « toutes les choses de l'Univers sont divisées entre les divers membres de la tribu ». « Les uns, dit-il, s'attribuent les arbres, quelques autres les plaines, d'autres le ciel, le vent, la pluie et ainsi de suite. » Malheureusement, ce renseignement manque de précision. On ne nous dit pas à quels groupes d'individus les divers groupes de choses sont ainsi

---

matrimoniales dont il est question un peu plus loin. Pour éviter ces erreurs, toutes les fois qu'un observateur appellera classe une phratrie, nous remplacerons le premier mot par le second. L'unité de la terminologie rendra plus facile la compréhension et la comparaison des faits. Il serait d'ailleurs bien désirable que l'on s'entendît une fois pour toutes sur cette terminologie si souvent employée.

[1] Ce schème ne représente que l'organisation que nous considérons comme typique. Elle est la plus générale. Mais dans certains cas on ne la trouve qu'altérée. Ici, les classes totémiques ont des clans et sont remplacées par des groupes purement locaux; là, on ne trouve plus de phratries ni de classes. Même, pour être tout à fait complet, il faudrait ajouter une division en groupes locaux qui se superpose souvent aux divisions qui précèdent.

[2] « Notes on Some Tribes of New South Wales », J. A. I., XIV, p. 350. Il n'est pas dit d'ailleurs qu'il ne s'agisse que des Ta-ta-This. Le paragraphe précédent mentionne tout un groupe de tribus.

rattachés [1]. Mais nous avons des faits d'une tout autre évidence, des documents tout à fait significatifs.

Les tribus de la rivière Bellinger sont divisées chacune en deux phratries; or, d'après M. Palmer, cette division s'applique également à la nature. « Toute la nature, dit-il, est divisée d'après les noms des phratries [2]. Les choses sont dites mâles ou femelles. Le soleil, la lune et les étoiles sont des hommes et des femmes et appartiennent à telle ou telle phratrie tout comme les Noirs eux-mêmes. » Cette tribu est assez voisine d'une autre tribu, celle de Port-Mackay, dans le Queensland, où nous trouvons le même système de classification. D'après la réponse faite par M. Bridgmann aux questionnaires de Curr, de Br. Smyth et de Lorimer Fison, cette tribu et même les tribus voisines comprennent deux phratries, l'une appelée Yungaroo, l'autre Wutaroo. Il y a bien aussi des classes matrimoniales; mais elles ne paraissent pas avoir affecté les notions cosmologiques. Au contraire, la division des phratries est considérée « comme une loi universelle de la nature ». « Toutes les choses, animées et inanimées, dit Curr d'après M. Bridgmann, sont divisées par ces tribus en deux classes appelées Yungaroo et Wootaroo. » « Ils divisent les choses entre eux, rapporte le même témoin (Br. Smyth). Ils disent que les alligators sont yungaroo et que les kangourous sont wootaroo. Le soleil est yungaroo, la lune wootaroo, et ainsi de suite pour les constellations, les arbres, les plantes, etc. » Et Fison : « Tout dans la nature se répartit d'après eux entre les deux phratries. Le vent appartient à l'une, la pluie à l'autre... Si on les interroge sur telle étoile en particulier, ils diront à quelle division (phratrie) elle appartient. »

Une telle classification est d'une extrême simplicité puisqu'elle est simplement bipartite. Toutes les choses sont rangées dans deux catégories qui correspondent aux deux phratries. Le système devient plus complexe quand ce n'est plus seulement la division en phratries, mais aussi la division en quatre classes matrimoniales qui sert de cadre à la distribution des êtres. C'est le cas chez les Wakelbùra du Queensland-Nord-Central. M. Muirhead, colon qui a habité longtemps dans le pays et observateur perspicace, a envoyé à plusieurs reprises à MM. Curr et Howitt des renseignements sur l'organisation de ces peuples et sur leur cosmologie, et ces informations, qui paraissent bien s'étendre à plusieurs tribus, ont été corroborées par un autre témoin, M. Ch. Lowe. Les Wakelbùra sont répartis en deux phratries Mallera et Wùtarù; chacune est, de plus, divisée en deux classes matrimoniales. Les classes de la phratrie Mallera portent les noms de Kurgila et de Banhe : celles de la phratrie Wùtarù sont appelées Wungo et Obù. Or ces deux phratries et ces deux classes matrimoniales « divisent tout l'univers en groupes ». « Les deux phratries, dit Howitt, sont Mallera ou Wutheru (équivalent de Wùtarù); par conséquent tous les objets sont l'un ou

---

[1]   Il semble bien cependant qu'il s'agisse d'une répartition par groupes totémiques, analogue à celle dont il sera question plus loin. Mais ce n'est qu'une hypothèse.

[2]   L'auteur se sert du mot de classes, que nous remplaçons par celui de phratries, comme nous l'avons annoncé; car nous croyons rendre ainsi l'idée du texte, qui, pourtant, n'est pas absolument clair. Désormais nous ferons la substitution sans en prévenir le lecteur, toutes les fois qu'il n'y aura pas de doute sur la pensée des auteurs.

l'autre. » De même Curr: « La nourriture mangée par les Banbey et les Kargilla est appelée Mullera, et celle des Wongoo ou Oboo (Obù) est appelée Wothera (Wùtarù). » Mais nous trouvons de plus une répartition par classes matrimoniales. « Certaines classes sont seules autorisées à manger certaines espèces de nourriture. Ainsi les Banbey sont restreints à l'opossum, au kangourou, au chien, au miel de la petite abeille, etc. Aux Wongoo sont attribués l'émou, le bandicoot, le canard noir, le serpent noir, le serpent brun. Les Oboo se nourrissent de serpents tapis, du miel des abeilles piquantes, etc. Les Kargilla vivent de porcs-épics, de dindons des plaines, etc. De plus, à eux appartiennent l'eau, la pluie, le feu et le tonnerre. Il y a d'innombrables sortes de nourriture, poissons, gibiers de poil et de plume, dans la distribution desquelles M. Muirhead n'entre pas [1]. »

Il paraît y avoir, il est vrai, quelque incertitude dans les renseignements recueillis sur cette tribu. D'après ce que dit M. Howitt, on pourrait croire que c'est par phratries et non par classes matrimoniales que se fait la division. En effet, les choses attribuées aux Banbey et aux Kargilla seraient toutes mallera. Mais la divergence n'est qu'apparente et elle est même instructive. En effet, la phratrie est le genre, la classe matrimoniale est l'espèce; or le nom du genre convient à l'espèce ce qui ne veut pas dire que l'espèce n'a pas le sien propre. De même que le chat rentre dans la classe quadrupède et peut être désigné par ce nom, les choses de l'espèce kargilla ressortissent au genre supérieur mallera (phratrie) et peuvent, par suite, être dites elles-mêmes mallera. C'est la preuve que nous n'avons plus affaire à une simple dichotomie des choses en deux genres opposés, mais, dans chacun de ces genres, à une véritable inclusion de concepts hiérarchisés.

L'importance de cette classification est telle qu'elle s'étend à tous les faits de la vie; on en retrouve la marque dans tous les rites principaux. Ainsi, un sorcier qui est de la phratrie mallera ne peut se servir pour son art que des choses qui sont également mallera. Lors de l'enterrement, l'échafaudage sur lequel le corps est exposé (toujours dans l'hypothèse où il s'agit d'un Mallera) « doit être fait du bois de quelque arbre appartenant à la phratrie Mallera ». Il en est de même des branchages qui recouvrent le cadavre. S'il s'agit d'un Banbey, on devra employer l'arbre à grande feuille; car cet arbre est banbey; et ce seront des hommes de la même phratrie qui procéderont à l'accomplissement du rite. La même organisation d'idées sert de base aux prévisions;

---

[1]   Curr, *Australian Race, III*, p. 27. On remarquera que chaque phratrie ou classe semble consommer la chair des animaux qui lui sont ainsi attribués, Or, nous aurons à revenir sur ce point, les animaux aussi attribués à une phratrie ou à une classe ont généralement un caractère totémique et par suite la consommation en est interdite aux groupes d'individus auxquels ils sont attribués. Peut-être, le fait contraire qui nous est rapporté des Wakelbùra constitue-t-il un cas de consommation rituelle de l'animal totémique pour le groupe totémique correspondant? Nous ne saurions le dire. Peut-être aussi y a-t-il dans cette observation quelque erreur d'interprétation, erreur toujours facile en des matières aussi complexes et d'appréciation aussi malaisée. Il est, en effet, bien remarquable que les totems de la phratrie Mallera, d'après les tableaux qu'on nous donne, sont l'opossum, le dindon des buissons, le kangourou, la petite abeille, tous les animaux dont la consommation se trouve justement permise aux deux classes matrimoniales de cette phratrie, c'est-à-dire aux Kurgilles et aux Banbey.

c'est en la prenant comme prémisse que l'on interprète les songes, que l'on détermine les causes, que l'on définit les responsabilités. On sait que, dans toutes ces sortes de sociétés, la mort n'est jamais considérée comme un événement naturel, dû à l'action de causes purement physiques; elle est presque toujours attribuée à l'influence magique de quelque sorcier, et la détermination du coupable fait partie intégrante des rites funéraires. Or, chez les Wakelbùra, c'est la classification des choses par phratries et par classes matrimoniales qui fournit le moyen de découvrir la classe à laquelle appartient le sujet responsable, et peut-être ce sujet lui-même. Sous l'échafaudage où repose le corps et tout autour, les guerriers aplanissent soigneusement la terre de telle façon que la plus légère marque y soit visible. Le lendemain, on examine atten-tivement le terrain sous le cadavre. Si un animal a passé par là, on en découvre aisément les traces; les Noirs en infèrent la classe de la personne qui a causé la mort de leur parent. Par exemple, si l'on trouve des traces de chien sauvage, on saura que le meurtrier est un Mallera et un Banbey; car c'est à cette phratrie et à cette classe qu'appartient cet animal.

Il y a plus. Cet ordre logique est tellement rigide, le pouvoir contraignant de ces catégories sur l'esprit de l'Australien est si puissant que, dans certains cas, on voit tout un ensemble d'actes, de signes, de choses se disposer suivant ces principes. Lorsqu'une cérémonie d'initiation doit avoir lieu, le groupe local qui prend l'initiative de convoquer les autres groupes locaux appartenant au même clan totémique, les avertit en leur envoyant « un bâton de message » qui doit appartenir à la même phratrie que l'envoyeur et le porteur. Cette concordance obligatoire paraîtra peut-être n'avoir rien de bien extraordinaire, étant donné que, dans presque toute l'Australie, l'invitation à une session initiatoire se fait par un messager porteur de « diables » (ou *bull-roarer, turndun, churinga)* qui sont évidemment la propriété de tout le clan, et par conséquent du groupe qui invite comme de ceux qui sont invités. Mais la même règle s'applique aux messages destinés à assigner un rendez-vous de chasse et, ici, l'expéditeur, le destinataire, le messager, le bois du message, le gibier désigné, la couleur dont il est peint, tout s'accorde rigoureusement conformément au principe posé par la classification. Ainsi, dans un exemple que nous rapporte Howitt, le bâton était envoyé par un Obù. Par suite, le bois du bâton était en gydea, sorte d'acacia qui est de la phratrie Wùtarù dont font partie les Obù. Le gibier représenté sur le bâton était l'émou et le wallaby, animaux de la même phratrie. La couleur du bâton était le bleu, probablement pour la même raison. Ainsi tout se suit ici, à la façon d'un théorème : l'envoyeur, le destinataire l'objet et l'écriture du message, le bois employé sont tous apparentés. Toutes ces notions paraissent au primitif se commander et s'impliquer avec une nécessité logique [1].

---

[1]   M. Muirhead dit expressément que cette manière de procéder est suivie par les tribus voisines. - A ce système de Wakelbùra il y a probablement lieu de rattacher aussi les faits cités par M. Roth, à propos des Pitta-Pitta, des Kalkadoon, des Matikoodi, des Woonamurra, toutes voisines des Wakelbùra (« Ethnological Studies among the Nord West-Central Queensland Aborigines », t. *1897, pp. 57-58. Cf. Proceed. R. Society Queensland, 1897).* Chaque classe matrimoniale a une série d'interdictions alimentaires de telle sorte que « toute la nourriture à la disposition de la tribu est divisée entre ses membres » *(Proceedings,* etc., p. *189).* Prenons par exemple les Pitta-Pitta.

Un autre système de classification, plus complet et peut-être plus caractéristique est celui où les choses sont réparties non plus par phratries et par classes matrimoniales, mais par phratries et par clans ou totems. « Les totems australiens, dit Fison, ont chacun leur valeur propre. Quelques-uns répartissent non seulement l'humanité, mais tout l'univers en ce qu'on peut appeler des divisions gentilices. » Il y a à cela une raison bien simple. C'est que si le totémisme est, par un certain côté, le groupement des hommes en clans suivant les objets naturels (espèces totémiques associées), il est aussi, inversement, un groupement des objets naturels suivant les groupements sociaux. « Le sauvage sud-australien, dit plus loin le même observateur, considère l'univers comme la grande tribu à l'une des divisions de laquelle il appartient, et toutes les choses, animées ou inanimées, qui sont de son groupe sont des parties du corps *(body corporate)* dont il est lui-même partie, Elles sont absolument parts de lui-même, comme M. Stewart le remarque habilement. »

L'exemple le plus connu de ces faits est celui sur lequel M. Fison, Br. Smyth, Curr, Andrew Lang, Frazer ont successivement appelé l'attention. Il se rapporte à la tribu du Mont-Gambier. Les renseignements sont dus à M. Stewart qui a connu intimement cette tribu. Elle est divisée en deux phratries, appelées l'une Kumite et l'autre Kroki : ces deux noms sont d'ailleurs fort répandus dans tout le sud de l'Australie où ils sont employés dans le même sens. Chacune de ces phratries est elle-même divisée en cinq clans totémiques à filiation utérine. C'est entre ces clans que les choses sont réparties. Chacun des clans ne peut consommer aucun des objets comestibles qui se trouvent ainsi lui être attribués. « Un homme ne tue ni ne mange aucun des animaux qui appartiennent à la même subdivision que lui-même. » Mais, outre ces espèces animales et même végétales interdites, à chaque classe se rattache une multitude indéfinie de choses de toutes sortes.

« Les phratries Kumite et Kroke (Kroki) sont chacune divisées en cinq sous-classes (entendez clans totémiques) sous lesquelles (sic) sont rangés certains objets qu'ils appellent *tooman* (qui signifie chair ou wingo, (qui signifie amis). Toutes les choses de la nature appartiennent à l'un ou à l'autre de ces dix clans. » Curr nous indique, mais seulement à titre d'exemples, quelques-unes des choses qui sont ainsi classées.

Les individus de la classe des Koopooroo ne peuvent manger de l'iguane, du dingo jaune, du petit poisson jaune « avec un os en soi » (p. 57). Les Wongko, ont à éviter le dindon des buissons, le bandicoot, l'aigle faucon, le dingo noir, le canard « absolument blanc », etc; aux Koorkilla sont interdits le kangourou, le serpent tapis, la carpe, le canard à tête brune et à gros ventre, diverses espèces d'oiseaux plongeurs, etc.; aux Bunburi l'emou, le serpent jaune, certaine espèce de faucon, une espèce de perroquet. Nous avons ici en tout cas, un exemple de classification qui s'étend au moins à un groupe déterminé d'objets, à savoir aux produits de la chasse, Et cette classification a pour modèle celle de la tribu en quatre classes matrimoniales ou « groupes paedo-matronymiques » comme dit notre auteur. M. Roth ne paraît pas avoir recherché si cette division s'étendait au reste des choses naturelles.

Le premier [1] des totems Kumite est celui du *mùla* [2] ou faucon pêcheur; lui appartiennent, ou, comme disent Fison et Howitt, y sont inclus la fumée, le chèvrefeuille, des arbres, etc. [3].

Le deuxième est celui du *parangal ou* pélican auquel sont rattachés l'arbre à bois noir, les chiens, le feu, la glace, etc.

Le troisième est celui du *wa ou* corbeau, sous lequel sont subsumés la pluie, le tonnerre, l'éclair, la grêle, les nuages, etc.

Le quatrième totem est celui du *wila ou* cacatois noir, auquel sont rapportées la lune, les étoiles, etc.

Enfin, au totem du *karato* (serpent inoffensif) appartiennent le poisson, l'arbre à filaments, le saumon, le phoque, etc.

Sur les totems de la phratrie Kroki, nous avons moins de renseignements. Nous n'en connaissons que trois. Au totem *werio* (arbre à thé) se relient les canards, les wallabies, les poules, l'écrevisse, etc.; à celui du *mùrna* (espèce de racine comestible [4], le buzard, le dolvich (espèce de petit kangourou), les cailles, etc.; à celui du *karaal* (cacatois blanc, sans crête [5]), le kangourou, le faux chêne, l'été, le soleil, l'automne (genre féminin), le vent (même genre).

Nous sommes donc ici en présence d'un système encore plus complexe que les précédents et plus étendu. Il ne s'agit plus seulement d'une classification en deux genres fondamentaux (phratries), comprenant chacun deux espèces (les deux classes matrimoniales). Sans doute, le nombre des genres fondamentaux est, ici encore, le même, mais celui des espèces de chaque genre est beaucoup plus considérable, car les clans peuvent être très nombreux. Mais, en même temps, sur cette organisation plus différenciée, l'état de confusion initiale d'où est parti l'esprit humain est toujours sensible. Si les groupes distincts se sont multipliés, à l'intérieur de chaque groupe élémentaire règne la même indistinction. Les choses attribuées à une phratrie sont nettement séparées de celles qui sont attribuées à l'autre; celles attribuées aux différents clans d'une même phratrie ne sont pas moins distinguées. Mais toutes celles qui sont comprises dans un seul et même clan sont dans une large mesure,

---

[1] Cette expression ne doit pas faire croire qu'il y ait une hiérarchie entre les clans. L'ordre n'est pas le même chez Fison et chez Curr. Nous suivons Fison.

[2] Le nom de chaque totem est précédé du préfixe *Burt ou Boort* qui veut dire sec. Nous l'omettons dans la liste.

[3] Cet *etc.* indique que la liste des choses subsumées n'est pas limitative.

[4] D'après M. Curr, le totem serait celui du dindon (laa) et comprendrait parmi les choses qui y sont rattachées certaines racines comestibles. Ces variations n'ont rien de surprenant. Elles prouvent seulement qu'il est souvent difficile de déterminer exactement quelle est, parmi les choses qui sont ainsi classées sous le clan, celle qui sert de totem à tout le groupe.

[5] M. Fison dit que ce totem est le cacatois noir. C'est sans doute une erreur. Curr, qui copie simplement les renseignements de M. Stewart dit blanc, ce qui est vraisemblablement plus exact.

indifférenciées. Elles sont de même nature; il n'y a pas entre elles de lignes de démarcations tranchées comme il en existe entre les variétés ultimes de nos classifications. Les individus du clan, les êtres de l'espèce totémique, ceux des espèces qui y sont rattachées, tous ne sont que des aspects divers d'une seule et même réalité. Les divisions sociales appliquées à la masse primitive des représentations ont bien pu y découper un certain nombre de cadres délimités, mais l'intérieur de ces cadres est resté dans un état relativement amorphe qui témoigne de la lenteur et de la difficulté avec laquelle s'est établie la fonction classificatrice.

Dans quelques cas, il n'est peut-être pas impossible d'apercevoir certains des principes d'après lesquels se sont constitués ces groupements. Ainsi, dans cette tribu du Mont-Gambier, au cacatois blanc est rattaché le soleil, l'été, le vent; au cacatois noir la lune, les étoiles, les astres de la nuit. Il semble que la couleur ait comme fourni la ligne selon laquelle se sont disposées, d'une manière antithétique ces diverses représentations. De même le corbeau comprend tout naturellement, en vertu de sa couleur, la pluie, et par suite l'hiver, les nuages, et, par eux, l'éclair et le tonnerre. M. Stewart ayant demandé à un indigène à quelle division appartenait le taureau, reçut, après un moment de réflexion, la réponse suivante : « Il mange de l'herbe, donc il est *boortwerio,* c'est-à-dire du clan de l'arbre à thé, qui comprend probablement tous les herbages et les herbivores. » Mais ce sont là, très probablement, des explications après coup auxquelles le Noir recourt pour se justifier à lui-même sa classification et la ramener à des règles générales d'après lesquelles il se guide. Bien souvent, d'ailleurs, de semblables questions le prennent à l'improviste et il se borne, pour toute réponse, à invoquer la tradition. « Les raisons qui ont fait établir le cadre ont été oubliées, mais le cadre subsiste et on l'applique tant bien que mal même aux notions nouvelles comme celle du bœuf qui a été tout récemment introduit. » A plus forte raison ne faut-il pas nous étonner que beaucoup de ces associations nous déroutent. Elles ne sont pas l'œuvre d'une logique identique à la nôtre. Des lois y président que nous ne soupçonnons pas.

Un cas analogue nous est fourni par les Wotjoballuk, tribu de la Nouvelle-Galles du Sud, l'une des plus évoluées de toutes les tribus australiennes. Nous devons les renseignements à M. Howitt lui-même dont on connaît la compétence. La tribu est divisée en deux phratries, Krokitch et Gamutch [1], qui, dit-il, semblent en fait se partager tous les objets naturels. Suivant l'expression des indigènes, « les choses appartiennent aux phratries ». De plus, chaque phratrie comprend un certain nombre de clans. A titre d'exemples, M. Howitt cite dans la phratrie Krokitch les clans du vent chaud, du cacatois blanc sans crête, des choses du soleil, et, dans la phratrie Gamutch, ceux de la vipère sourde, du cacatois noir, du pélican. Mais ce ne sont là que des exemples : « J'ai donné, dit-il, trois totems de chaque phratrie comme exemples, mais il y en a plus; huit pour les Krokitch et, pour les Gamutch, au moins quatre. » Or les choses classées dans chaque phratrie sont réparties entre les différents

---

[1]   On voit la parenté de ces noms avec ceux de Kroki et de Kumite employés par la tribu du Mont-Gambier; ce qui prouve l'authenticité de ce système de classification qui se retrouve ainsi sur des points aussi éloignés l'un de l'autre.

clans qu'elle comprend. De la même façon que la division primaire (ou phratrie) est partagée en un certain nombre de divisions totémiques, de même tous les objets attribués à la phratrie sont divisés entre ces totems. Ainsi chaque totem possède un certain nombre d'objets naturels qui ne sont pas tous des animaux, car il y a parmi eux une étoile, le feu, le vent, etc. Les choses ainsi classées sous chaque totem, sont appelées par M. Howitt des sous-totems ou des pseudo-totems. Le cacatois blanc, par exemple, en compte quinze et le vent chaud cinq. Enfin la classification est poussée à un tel degré de complexité que parfois, à ces totems secondaires des totems tertiaires se trouvent subordonnés. Ainsi la classe krokitch (phratrie), comprend comme division le pélican (totem) : le pélican comprend d'autres sous-divisions (sous-totems, espèces de choses classées sous le totem) parmi lesquelles se trouve le feu et le feu lui-même comprend, comme une sous-division du troisième degré, les signaux faits probablement à l'aide du feu [1].

Cette curieuse organisation d'idées, parallèle à celle de la société, est, à sa complication près, parfaitement analogue à celle que nous avons trouvée chez les tribus du Mont-Gambier; elle est analogue également à la division suivant les classes matrimoniales que nous avons observée dans le Queensland, et à la division dichotomique suivant les phratries que nous avons rencontrée un peu partout [2]. Mais, après avoir décrit les différentes variétés de ce système d'une manière objective, telles qu'elles fonctionnent dans ces sociétés, il serait intéressant de savoir de quelle façon l'Australien se les représente; quelle notion il se fait lui-même des rapports que soutiennent les uns avec les autres les groupes de choses ainsi classées. Nous pourrions ainsi mieux nous rendre compte de ce que sont les notions logiques du primitif et de la manière dont elles se sont formées. Or, nous avons, à propos des Wotjoballuk, des documents qui permettent de préciser certains points de cette question.

Comme on pourrait s'y attendre, cette représentation se présente sous des aspects différents.

---

[1]   Le terme qu'emploient les individus qui composent cette sous-division du sous-clan pour se désigner signifie exactement : Nous nous avertissons les uns les autres (« Further Notes », *J. A. I., p. 61)*. Si l'on veut avoir une idée exacte de la complexité de cette classification, il faut encore y ajouter un autre élément. Les choses ne sont pas seulement réparties entre les clans des vivants, mais les morts, eux aussi, forment des clans qui ont leurs totems propres, par conséquent leurs choses attribuées. C'est ce qu'on appelle les totems mortuaires. Ainsi quand un Krokitch du totem *Ngaui* (le soleil) meurt, il perd son nom, il cesse d'être *ngaui* pour devenir *mitbagrargr,* écorce de l'arbre mallee (Howitt, « Further Notes », *J. A. I., XVIII, p. 64).* D'autre part, entre les totems des vivants et ceux des morts, il y a un lien de dépendance. Ils entrent dans le même système de classification.

[2]   Nous laissons de côté l'action que peut avoir eue la division des individus en groupes sexuels nettement différenciés sur la division des choses en genres. Et cependant, là surtout où chaque sexe a son totem propre, il est difficile que cette influence n'ait pas été considérable. Nous nous bornons à signaler la question après M. Frazer (voir *Année sociologique, 4, p. 364).*

Tout d'abord, ces relations logiques sont conçues sous la forme de relations de parenté plus ou moins prochaine par rapport à l'individu. Quand la classification se fait simplement par phratries, sans autre subdivision, chacun se sent parent et également parent des êtres attribués à la phratrie dont il est membre; ils sont tous, au même titre, sa chair, ses amis, tandis qu'il a de tout autres sentiments pour les êtres de l'autre phratrie. Mais lorsque, à cette division fondamentale s'est superposée la division en classes ou en clans totémiques, ces rapports de parenté se différencient. Ainsi un Kumite du Mont-Gambier sent que toutes les choses kumites sont siennes; mais celles-là lui tiennent de plus près qui sont de son totem. La parenté, dans ce dernier cas, est plus proche. « Le nom de phratrie est général », dit Howitt à propos des Wotjoballuk; « le nom totémique est, en un sens, individuel, car il est certainement plus près de l'individu que le nom de la moitié de la communauté (entendez phratrie) à laquelle il appartient. » Les choses sont ainsi conçues comme disposées en une série de cercles concentriques à l'individu; les plus éloignés, ceux qui correspondent aux genres les plus généraux, sont ceux qui comprennent les choses qui le touchent le moins; elles lui deviennent moins indifférentes à mesure qu'elles se rapprochent de lui. Aussi, quand elles sont comestibles, est-ce seulement les plus proches qui lui sont interdites.

Dans d'autres cas, c'est sous la forme de rapports entre possédants et possédés que sont pensées ces relations. La différence entre les totems et les sous-totems est, d'après Howitt, la suivante : « Les uns et les autres sont appelés *mirû* (pluriel de *mir* qui signifie totem). Mais tandis qu'un de mes informateurs, un Krokitch, *emprunte* son nom, *ngaui,* au soleil (totem proprement dit), il possède bungil l'une des étoiles fixes (qui est un sous-totem)... Le vrai totem le possède, mais il possède lui-même le sous-totem. » De même un membre du clan wartwut (vent chaud), réclamait comme « lui appartenant plus spécialement » un des cinq sous-totems, moiwuk (le serpent-tapis). A parler exactement, ce n'est pas l'individu qui possède par lui-même le sous-totem: c'est au totem principal qu'appartiennent ceux qui lui sont subordonnés. L'individu n'est là qu'un intermédiaire. C'est parce qu'il a en lui le totem (lequel se retrouve également chez tous les membres du clan) qu'il a une sorte de droit de propriété sur les choses attribuées à ce totem. D'ailleurs, sous les expressions que nous venons de rapporter, on sent aussi quelque chose de la conception que nous nous efforcions d'analyser en premier lieu. Car une chose « qui appartient spécialement à un individu » est aussi plus voisine de lui et le touche plus particulièrement [1].

Il est vrai que, dans certains cas, l'Australien paraît se représenter la hiérarchie des choses dans un ordre exactement inverse. Ce sont les plus éloignées qui sont considérées par lui comme les plus importantes. L'un des indigènes dont nous avons déjà parlé, qui avait pour totem le soleil (ngaui) et pour sous-totem une étoile (bungil) disait « qu'il était ngaui, non pas bungil ». Un autre dont nous avons également fait

---

[1] Les textes qui précèdent ne concernent que les rapports du sous-totem au totem, non ceux du totem à la phratrie. Mais, évidemment, ces derniers ont dû être conçus de la même manière. Si nous n'avons pas de textes qui nous renseignent spécialement sur ce point, c'est que la phratrie ne joue plus qu'un rôle effacé dans ces tribus et tient une moindre place dans les préoccupations.

mention dont le totem était wartwut (vent chaud) et le sous-totem moiwuk (serpent tapis), était, de l'avis même d'un de ses compagnons, wartwut, « mais aussi *partiellement* moiwuk ». Il n'y a qu'une part de lui qui soit serpent tapis. C'est ce que signifie également une autre expression que nous rapporte M. Howitt. Un Wotjoballuk a souvent deux noms, l'un est son totem et l'autre son sous-totem. Le premier est véritablement son nom, l'autre « vient un peu derrière »; il est secondaire en rang. C'est qu'en effet les choses les plus essentielles à l'individu ne sont pas les plus voisines de lui, celles qui tiennent le plus étroitement à sa personnalité individuelle. L'essence de l'homme, c'est l'humanité. L'essence de l'Australien est dans son totem plutôt que dans son sous-totem, et même, mieux encore, dans l'ensemble de choses qui caractérisent sa phratrie. Il n'y a donc rien dans ces textes qui contredise les précédents. La classification y est toujours conçue de la même manière, sauf que les rapports qui la constituent y sont considérés d'un autre point de vue.

II

Après avoir établi ce type de classification, il nous faut chercher à en déterminer, autant qu'il est possible, la généralité.

Les faits ne nous autorisent pas à dire qu'il se rencontre dans toute l'Australie ni qu'il ait la même extension que l'organisation tribale en phratries, classes matrimoniales et clans totémiques. Sans doute, nous sommes persuadé que, si l'on cherchait bien, on le retrouverait, complet ou altéré, dans nombre de sociétés australiennes où il est resté jusqu'à présent inaperçu; mais nous ne pouvons préjuger le résultat d'observations qui n'ont pas été faites. Néanmoins, les documents dont nous disposons dès maintenant nous permettent d'assurer qu'il est ou a été certainement très répandu.

Tout d'abord, dans bien des cas où l'on n'a pas directement observé notre forme de classification, on a cependant trouvé et l'on nous signale des totems secondaires qui, comme nous l'avons vu, la supposent. C'est ce qui est vrai notamment des îles du détroit de Torrès voisines de la Nouvelle-Guinée britannique. A Kiwai, les clans ont presque tous pour totem *(miramara)* des espèces végétales; l'un d'eux, l'arbre à palme *(nipa)*, a pour totem secondaire le crabe, qui habite l'arbre du même nom. A Mabuiag (île située à l'ouest du détroit de Torrès) [1], nous trouvons une organisation des clans en deux phratries : celle du petit *augùd (augùd* signifie totem) et celle du grand *augùd.* L'une est la phratrie de la terre, l'autre est la phratrie de l'eau; l'une campe sous le vent, l'autre vers le vent; l'une est à l'est, l'autre à l'ouest. Celle de l'eau a pour totems le dudong et un animal aquatique que Haddon appelle le *shovel-nose skate;* les totems de l'autre, à l'exception du crocodile qui est un amphibie, sont tous des ani-

---

[1]   On sait depuis Haddon que l'on ne rencontre de totémisme que dans les îles de l'Ouest et non dans celles de l'Est.

maux terrestres : le crocodile, le serpent, le casoar. Ce sont là évidemment des traces importantes de classification. Mais de plus, M. Haddon mentionne expressément des « totems secondaires ou subsidiaires proprement dits » : le requin à tête de marteau, le requin, la tortue, le *rayon* à aiguillon *(sting ray)* sont rattachés, à ce titre, à la phratrie de l'eau; le chien, à la phratrie de la terre. Deux autres sous-totems sont, en outre, attribués à cette dernière; ce sont des ornements faits de coquillages en forme de croissants. Si l'on songe que, dans ces îles, le totémisme est partout en pleine décadence, il paraîtra d'autant plus légitime de voir dans ces faits les restes d'un système plus complet de classification. Il est très possible qu'une organisation analogue se rencontre ailleurs dans le détroit de Torrès et à l'intérieur de la Nouvelle-Guinée. Le principe fondamental, la division par phratries et clans groupés trois par trois, a été constaté formellement à Saibai (île du détroit) et à Daudai.

Nous serions tentés de retrouver des traces de cette même classification aux îles Murray, Mer, Waier et Dauar. Sans entrer dans le détail de cette organisation sociale, telle que nous l'a décrite M. Hunt, nous tenons à attirer l'attention sur le fait suivant. Il existe chez ces peuples un certain nombre de totems. Or chacun d'eux confère aux individus qui le portent des pouvoirs variés sur différentes espèces de choses. Ainsi, les gens qui ont pour totem le tambour ont les pouvoirs suivants : c'est à eux qu'il appartient de faire la cérémonie qui consiste à imiter les chiens et à frapper les tambours; ce sont eux qui fournissent les sorciers chargés de faire multiplier les tortues, d'assurer la récolte des bananes, de deviner les meurtriers par les mouvements du lézard; ce sont eux enfin qui imposent le tabou du serpent. On peut donc dire avec assez de vraisemblance que du clan du tambour relèvent, à certains égards, outre le tambour lui-même, le serpent, les bananes, les chiens, les tortues, les lézards. Toutes ces choses ressortissent, au moins partiellement, à un même groupe social et, par suite, les deux expressions étant au fond synonymes, à une même classe d'êtres [1].

La mythologie astronomique des Australiens porte la marque de ce même système mental. Cette mythologie, en effet, est pour ainsi dire, moulée sur l'organisation totémique. Presque partout les Noirs disent que tel astre est tel ancêtre déterminé [2]. Il est plus que probable qu'on devait mentionner pour cet astre, comme pour l'individu avec lequel il se confond, à quelle phratrie, à quelle classe, à quel clan il appartient. Par cela même, il se trouvait classé dans un groupe donné; une parenté, une place déterminée lui étaient assignées dans la société. Ce qui est certain, c'est que ces conceptions mythologiques s'observent dans les sociétés australiennes où nous avons trouvé, avec tous ses traits caractéristiques, la classification des choses en phratries et en clans; dans les tribus du Mont-Gambier, chez les Wotjoballuk, dans les tribus du

---

[1]   Nous tenions à appeler l'attention sur ce fait, parce qu'il nous fournit l'occasion d'une remarque générale. Partout où l'on voit un clan ou une confrérie religieuse exercer des pouvoirs magico-religieux sur des espèces de choses différentes, il est légitime de se demander s'il n'y a pas là l'indice d'une ancienne classification attribuant à ce groupe social ces différentes espèces d'êtres.

[2]   Les documents sur ce sujet sont tellement nombreux que nous ne les citons pas tous. Cette mythologie est même tellement développée que, souvent, les Européens ont cru que les astres étaient les âmes des morts.

Nord de Victoria. « Le soleil, dit Howitt, est une femme krokitch du clan du soleil, qui va chercher tous les jours son petit garçon qu'elle a perdu. » Bungil (l'étoile fomalhaut) fut, avant de monter au ciel, un puissant cacatois blanc, de la phratrie krokitch. Il avait deux femmes, qui, naturellement, en vertu de la règle exogamique, appartenaient à la phratrie opposée, gamutch. Elles étaient des cygnes (probablement deux sous-totems du pélican). Or elles sont, elles aussi, des étoiles. Les Woivonung, voisins des Wotjoballuk croient que Bungil (nom de la phratrie) est monté au ciel dans un tourbillon avec ses fils qui sont tous des êtres totémiques (hommes et animaux à la fois); il est fomalhaut, comme chez les Wotjoballuk, et chacun de ses fils est une étoile; deux sont l'α et le β de la Croix du Sud. Assez loin de là, les Mycooloon du sud du Queensland classent les nuages de la Croix du Sud sous le totem de l'émou; la ceinture d'Orion est pour eux du clan Marbaringal, chaque étoile filante du clan Jinbabora. Quand une de ces étoiles tombe, elle vient frapper un arbre Gidea et elle devient un arbre du même nom. Ce qui indique que cet arbre était lui aussi en rapport avec ce même clan. La lune est un ancien guerrier dont on ne dit ni le nom ni la classe. Le ciel est peuplé d'ancêtres des temps imaginaires.

Les mêmes classifications astronomiques sont en usage chez les Aruntas, dont nous aurons à regarder tout à l'heure d'un autre point de vue. Pour eux, le soleil est une femme de la classe matrimoniale Panunga, et c'est la phratrie Panunga-Bulthara qui est préposée à la cérémonie religieuse qui le concerne [1]. Il a laissé sur la terre des descendants qui continuent à se réincarner [2] et qui forment un clan spécial. Mais ce dernier détail de la tradition mythique doit être de formation tardive. Car, dans la cérémonie sacrée du soleil, le rôle prépondérant est joué par des individus qui appartiennent au groupe totémique du « bandicoot » et à celui du « grand lézard ». C'est donc que le soleil devait être autrefois une Panunga, du clan du bandicoot, habitant sur le terrain de grand lézard. Nous savons, d'ailleurs, qu'il en est ainsi de ses sœurs. Or elles se confondent avec lui. Il est « leur petit enfant », « leur soleil »; en somme, elles n'en sont qu'un dédoublement. - La lune est, dans deux mythes différents, rattachée au clan de l'opossum. Dans l'un d'eux, elle est un homme de ce clan; dans l'autre, elle est elle-même, mais elle a été enlevée à un homme du clan et c'est ce dernier qui lui a assigné sa route. On ne nous dit pas, il est vrai, de quelle phratrie elle était. Mais le clan implique la phratrie, ou du moins l'impliquait dans le principe chez les Aruntas. - De l'étoile du matin nous savons qu'elle était de la classe Kumara; elle va se réfugier tous les soirs dans une pierre qui est sur le territoire des « grands lézards » avec lesquels elle semble être étroitement apparentée. Le feu est, de même, intimement rattaché au totem de l'euro. C'est un homme de ce clan qui l'a découvert dans l'animal du même nom.

Enfin, dans bien des cas où ces classifications ne sont plus immédiatement apparentes, on ne laisse pas de les retrouver, mais sous une forme différente de celle

---

[1]   Les individus qui font la cérémonie doivent, pour la plupart, être de cette phratrie.

[2]   On sait que, pour les Aruntas, chaque naissance est la réincarnation de l'esprit d'un ancêtre mythique (Alcheringa).

que nous venons de décrire. Des changements sont survenus dans la structure sociale, qui ont altéré l'économie de ces systèmes, mais non jusqu'à la rendre complètement méconnaissable. D'ailleurs, ces changements sont en partie dus à ces classifications elles-mêmes et pourraient suffire à les déceler.

Ce qui caractérise ces dernières, c'est que les idées y sont organisées sur un modèle qui est fourni par la société. Mais une fois que cette organisation de la mentalité collective existe, elle est susceptible de réagir sur sa cause et de contribuer à la modifier.

Nous avons vu comment les espèces de choses, classées dans un clan, y servent de totems secondaires ou sous-totems; c'est-à-dire que, à l'intérieur du clan, tel ou tel groupe particulier d'individus en vient, sous l'influence de causes que nous ignorons, à se sentir plus spécialement en rapports avec telles ou telles des choses qui sont attribuées, d'une manière générale, au clan tout entier. Que maintenant celui-ci, devenu trop volumineux, tende à se segmenter, et ce sera suivant les lignes marquées par la classification que se fera cette segmentation. Il faut se garder de croire, en effet, que ces sécessions soient nécessairement le produit de mouvements révolutionnaires et tumultueux. Le plus souvent, il semble bien qu'ils ont eu lieu suivant un processus parfaitement logique. Déjà, dans un grand nombre de cas, c'est ainsi que les phratries se sont constituées et partagées en clans. Dans plusieurs sociétés australiennes, elles s'opposent l'une à l'autre comme les deux termes d'une antithèse, comme le blanc et le noir, et, dans les tribus du détroit de Torrès, comme la terre et l'eau; de plus, les clans qui se sont formés à l'intérieur de chacune d'elles soutiennent les uns avec les autres des rapports de parenté logique. Ainsi, il est rare en Australie que le clan du corbeau soit d'une autre phratrie que celui du tonnerre, des nuages et de l'eau. De même, dans un clan, quand une segmentation devient nécessaire, ce sont les individus groupés autour d'une des choses classées dans le clan qui se détachent du reste, pour former un clan indépendant, et le sous-totem devient un totem. Le mouvement une fois commencé peut, d'ailleurs, se poursuivre et toujours d'après le même procédé. Le sous-clan qui s'est ainsi émancipé emporte, en effet, avec lui, dans son domaine idéal, outre la chose qui lui sert de totem, quelques autres qui sont considérées comme solidaires de la première. Ces choses, dans le clan nouveau, remplissent le rôle de sous-totems, et peuvent, s'il y a lieu, devenir autant de centres autour desquels se produiront plus tard des segmentations nouvelles.

Les Wotjoballuk nous permettent précisément de saisir ce phénomène, sur le vif, pour ainsi dire, dans ses rapports avec la classification [1]. D'après M. Howitt, un certain nombre de sous-totems sont des totems en voie de formation. « Ils conquièrent une sorte d'indépendance. » Ainsi, pour certains individus, le pélican blanc est un totem, et le soleil un sous-totem, alors que d'autres les classent en ordre inverse. C'est

---

[1]   C'est même à ce point de vue exclusif que Howitt a étudié les Wotjoballuk, et c'est cette segmentation qui, en faisant qu'une même espèce de choses a tantôt le caractère d'un totem et tantôt celui d'un sous-totem, a rendu difficile la constitution d'un tableau exact des clans et des totems.

que, vraisemblablement, ces deux dénominations devaient servir de sous-totems à deux sections d'un clan ancien, dont le vieux nom serait « tombé », et qui comprenait, parmi les choses qui lui étaient attribuées, et le pélican et le soleil. Avec le temps, les deux sections se sont détachées de leur souche commune : l'une a pris le pélican comme totem principal, laissant le soleil au second rang, alors que l'autre faisait le contraire. Dans d'autres cas, où l'on ne peut pas observer aussi directement la manière dont se fait cette segmentation, elle est rendue sensible par les rapports logiques qui unissent entre eux les sous-clans issus d'un même clan. On voit clairement qu'ils correspondent aux espèces d'un même genre. C'est ce que nous montrerons expressément plus loin, à propos de certaines sociétés américaines [1].

Or il est aisé de voir quels changements cette segmentation doit introduire dans les classifications. Tant que les sous-clans, issus d'un même clan originaire, conservent le souvenir de leur commune origine ils sentent qu'ils sont parents, associés, qu'ils ne sont que les parties d'un même tout; par suite, leurs totems et les choses classées sous ces totems restent subordonnes, en quelque mesure, au totem commun du clan total. Mais, avec le temps, ce sentiment s'efface. L'indépendance de chaque section augmente et finit par devenir une autonomie complète. Les liens qui unissaient tous ces clans et sous-clans en une même phratrie se détendent encore plus aisément et toute la société finit par se résoudre en une poussière de petits groupes autonomes, égaux les uns aux autres, sans aucune subordination. Naturellement, la classification se modifie en conséquence. Les espèces de choses attribuées à chacune de ces subdivisions constituent autant de genres séparés, situés sur le même plan. Toute hiérarchie a disparu. On peut bien concevoir qu'il en reste encore quelques traces à l'intérieur de chacun de ces petits clans. Les êtres, rattachés au sous-totem, devenu maintenant totem, continuent à être subsumés sous ce dernier. Mais tout d'abord ils ne peuvent plus être bien nombreux, étant donné le caractère fractionnaire de ces petits groupes. De plus, pour peu que le mouvement se poursuive, chaque sous-totem finira par être élevé à la dignité de totem, chaque espèce, chaque variété subordonnée sera devenue un genre principal. Alors, l'ancienne classification aura fait place à une simple division sans aucune organisation interne, à une répartition des choses par têtes, et non plus par souches. Mais, en même temps, comme elle se fait entre un nombre considérable de groupes, elle se trouvera comprendre, à peu près, l'univers tout entier.

C'est dans cet état que se trouve la société des Aruntas. Il n'existe pas chez eux de classification achevée, de système constitué. Mais, selon les expressions mêmes employées par MM. Spencer et Gillen, « en fait, dans le pays occupé par les indigènes, il n'y a pas un objet, animé ou inanimé qui ne donne son nom à quelque

---

[1]   Cette segmentation et les modifications qui en résultent dans la hiérarchie des totems et des sous-totems permettent peut-être d'expliquer une particularité intéressante de ces systèmes sociaux. On sait que, en Australie notamment, les totems sont très généralement des animaux, beaucoup plus rarement des objets inanimés. On peut croire que primitivement tous étaient empruntés au monde animal. Mais sous ces totems primitifs se trouvaient classés des objets inanimés qui, par suite de segmentations, finissent par être promus au rang de totems principaux.

groupe totémique d'individus [1] ». Nous trouvons mentionnées dans leur ouvrage cinquante-quatre espèces de choses servant de totems à autant de groupes totémiques; et encore, comme ces observateurs ne se sont pas préoccupés d'établir eux-mêmes une liste complète de ces totems, celle que nous avons pu dresser, en réunissant les indications éparses dans leur livre, n'est certainement pas exhaustive [2]. Or, la tribu des Aruntas est une de celles où le processus de segmentation s'est poursuivi presque jusqu'à sa plus extrême limite; car, par suite des changements survenus dans la structure de cette société, tous les obstacles, susceptibles de le contenir, ont disparu. Sous l'influence de causes qui ont été exposées ici même [3], les groupes totémiques des Aruntas ont été amenés très tôt à sortir du cadre naturel qui les tenait primitivement enserrés et qui leur servait, en quelque sorte, d'ossature; c'est à savoir le cadre de la phratrie. Au lieu de rester strictement localisé dans une moitié déterminée de la tribu, chacun d'eux s'est librement répandu dans toute l'étendue de la société. Devenus ainsi étrangers à l'organisation sociale régulière, tombés presque au rang d'associations privées, ils ont pu se multiplier, s'émietter presque à l'infini.

Cet émiettement dure même encore. Il y a, en effet, des espèces de choses dont le rang dans la hiérarchie totémique est encore incertain, de l'aveu même de Spencer et Gillen: on ne sait si elles sont des totems principaux ou des sous-totems [4]. C'est donc que ces groupes sont encore dans un état mouvant, comme les clans des Wotjobaluk. D'un autre côté, entre des totems actuellement assignés à des clans indépendants, il existe parfois des liens qui témoignent qu'ils ont dû primitivement être classés dans un même clan. C'est le cas de la fleur hakea et du chat sauvage. Ainsi, les marques gravées sur les churingas des hommes du chat sauvage représentent et ne représentent que des arbres à fleurs hakea. D'après les mythes, dans les temps fabuleux, c'était de

---

[1]   *Native Tribes of Central Australia*, Londres, 1898, p. 112.

[2]   *Nous* croyons rendre service en reproduisant ici cette liste telle que nous l'avons reconstituée. Bien entendu, nous ne suivons aucun ordre dans notre énumération : le vent, le soleil, l'eau ou nuage (p. 112) le rat, la chenille *witchetty,* le kangourou, le lézard, l'émou, la fleur hakea (p. 116), l'aigle faucon, le elonka (fruit comestible), une espèce de manne, le chat sauvage, l'irriakura (espèce de bulbe), la chenille du papillon longicome, le bandicoot, la manne ilpirla, la fourmi à miel, la grenouille, la baie chankuna, le prunier, le poisson irpunga, l'opossum, le chien sauvage, l'euro (p. 177 et suivantes), le petit faucon (p. 232), le serpent tapis (p. 242), la petite chenille, la grande chauve-souris blanche (p. *300, 301),* la semence de gazon (p. *311),* le poisson interpitna (p. *316),* le serpent coma (p. *317),* le faisan natif, une autre espèce de fruit de mandinia (p. *320),* le rat jerboa (p. *329),* l'étoile du soir (p. *360),* le gros lézard, le petit lézard (p. *389),* le petit rat (p. *389, 395),* la semence alchantwa (p. *390),* une autre espèce de petit rat *(p. 396),* le petit faucon (p. *397),* le serpent okranina (p. *399),* le dindon sauvage, la pie, la chauve-souris blanche, la petite chauve-souris *(p. 401, 404, 406). Il y a* encore les clans d'une certaine espèce de semence et du grand scarabée (p. *411),* des pigeons inturita (p. *410),* de la bête d'eau (p. *414,* du faucon (p. *416),* de la caille, de la fourmi bouledogue (p. *417),* de deux sortes de lézards (p. *439),* du wallaby (?) à la queue ongulée (p. *441),* d'une autre espèce de fleur hakea (p. *444),* de la mouche (p. *546),* de l'oiseau cloche (p. *635).*

[3]   *Année sociologique, 5, p. 108, s.*

[4]   Ainsi Spencer et Gillen ne savent pas au juste si le pigeon des rochers est un totem ou un totem secondaire (cf. *p. 410* et *448).* De même la valeur totémique des diverses espèces de lézards n'est pas déterminée : ainsi les êtres mythiques qui créèrent les premiers hommes qui eurent pour totem le lézard se transformèrent en une autre espèce de lézard (p. *389).*

la fleur hakea que se nourrissaient les chats sauvages; or, les groupes totémiques originaires sont généralement réputés s'être nourris de leur totems. C'est donc que ces deux sortes de choses n'ont pas toujours été étrangères l'une à l'autre, mais ne le sont devenues que quand le clan unique qui les comprenait s'est segmenté. Le clan du prunier semble être aussi un dérivé de ce même clan complexe : fleur hakea - chat sauvage. Du totem du lézard se sont détachées différentes espèces animales et d'autres totems, notamment celui du petit rat. On peut donc être assuré que l'organisation primitive a été soumise à un vaste travail de dissociation et de fractionnement qui n'est même pas encore terminé.

Si donc on ne retrouve plus chez les Aruntas un système complet de classification, ce n'est pas qu'il n'y en ait jamais eu : c'est qu'il s'est décomposé à mesure que les clans se fragmentaient. L'état où il se trouve ne fait que refléter l'état actuel de l'organisation totémique dans cette même tribu : preuve nouvelle du rapport étroit qui unit entre eux ces deux ordres de faits. D'ailleurs, il n'a pas disparu sans laisser des traces visibles de son existence antérieure. Déjà nous en avons signalé des survivances dans la mythologie des Aruntas. Mais on en trouve de plus démonstratives encore dans la manière dont les êtres sont répartis entre les clans. Très souvent, au totem, sont rattachées d'autres espèces de choses, tout comme dans les classifications complètes que nous avons examinées. C'est un dernier vestige de subsumption. Ainsi au clan des grenouilles est spécialement associé l'arbre à gomme [1]; à l'eau est rattachée la poule d'eau. Nous avons déjà vu qu'il y a d'étroits rapports entre le totem de l'eau et le feu; d'autre part, au feu sont reliés les branches de l'eucalyptus, les feuilles rouges de l'érémophile, le son de la trompette, la chaleur et l'amour. Aux totems du rat Jerboa se rattache la barbe, au totem des mouches, les maladies des yeux. Le cas le plus fréquent est celui où l'être ainsi mis en relation avec le totem est un oiseau [2]. Des fourmis à miel dépendent d'un petit oiseau noir alatirpa, qui fréquente comme elles les buissons de mulga et un autre petit oiseau alpirtaka qui recherche les mêmes habitants [3]. Une espèce d'oiseaux appelés thippa-thippa est l'alliée du lézard [4]. La plante appelée irriakura a pour annexe le perroquet à cou rouge. Les gens du clan de la chenille witchetty ne mangent pas de certains oiseaux qui sont dits leurs commensaux *(quathari* que Spencer et Gillen traduisent par *inmates).* Le totem du kangourou a sous sa dépendance deux espèces d'oiseaux et il en est de même de l'euro. Ce qui achève de montrer que ces connexions sont bien des restes d'une ancienne classification, c'est que les êtres qui sont ainsi associés à d'autres étaient autrefois du même totem que ces derniers. Les oiseaux kartwungawunga, étaient jadis, d'après la légende, des hommes kangourous et ils mangeaient du

---

[1] Les churingas, ces emblèmes individuels où sont censés résider les âmes des ancêtres, portent, dans le clan des grenouilles, des représentations de gommiers; les cérémonies où sont représentés les mythes du clan comprennent la figuration d'un arbre et de ses racines.

[2] Spencer et Gillen ne parlent que d'oiseaux. Mais, en réalité, le fait est beaucoup plus général.

[3] On remarquera l'analogie qu'il y a entre leurs noms et celui d'Ilatirpa, le grand ancêtre de ce totem.

[4] Dans certaines cérémonies du clan, autour du « lézard » on fait danser deux individus qui représentent deux oiseaux de cette espèce. Et, d'après les mythes, cette danse était déjà en usage du temps de l'Alcheringa.

kangourou. Les deux espèces rattachées au totem de la fourmi à miel étaient autrefois des fourmis à miel. Les unchurunqa, petits oiseaux d'un beau rouge, étaient primitivement du clan de l'euro. Les quatre espèces de lézards se ramènent à deux couples de deux, dans chacun desquels l'un est, à la fois, l'associé et la transformation de l'autre.

Enfin, une dernière preuve que nous avons bien affaire chez les Aruntas à une forme altérée des anciennes classifications, c'est que l'on peut retrouver la série des états intermédiaires par lesquels cette organisation se rattache, presque sans solution de continuité, au type classique du Mont-Gambier. Chez les voisins septentrionaux des Aruntas, chez les Chingalee, qui habitent le territoire nord de l'Australie méridionale (golfe de Carpentarie), nous trouvons, comme chez les Aruntas eux-mêmes, une extrême dispersion des choses entre des clans très nombreux, c'est-à-dire très fragmentés; on y relève 59 totems différents. Comme chez les Aruntas également, les groupes totémiques ont cessé d'être classés sous les phratries; chacun d'eux chevauche sur les deux phratries qui se partagent la tribu. Mais la diffusion n'y est pas aussi complète. Au lieu d'être répandus, au hasard et sans règle, dans toute l'étendue de la société, ils sont répartis d'après des principes fixes et localisés dans des groupes déterminés, quoique différents de la phratrie. Chaque phratrie est divisée, en effet, en huit classes matrimoniales [1]; or chaque classe d'une phratrie ne peut se marier qu'avec une classe déterminée de l'autre, qui comprend ou peut comprendre les mêmes totems que la première. Réunies, ces deux classes correspondantes contiennent donc un groupe défini de totems et de choses, qui ne se retrouvent pas ailleurs. Par exemple, aux deux classes Chongora-Chabalye appartiennent les pigeons de toute sorte, les fourmis, les guêpes, les moustiques, les centipèdes, l'abeille indigène, le gazon, la sauterelle, divers serpents, etc.; au groupe formé par les classes Chowan et Chowarding sont attribués certaines étoiles, le soleil, les nuages, la pluie, la poule d'eau, l'ibis, le tonnerre, l'aigle faucon et le faucon brun, le canard noir, etc.; au groupe Chambeen-Changalla, le vent, l'éclair, la lune, la grenouille, etc.; au groupe Chagarra-Chooarroo, les coquillages, le rat bilbi, le corbeau, le porc-épic, le kangourou, etc. Ainsi en un sens, les choses sont encore rangées dans des cadres déterminés, mais ceux-ci ont déjà quelque chose de plus artificiel et de moins consistant puisque chacun d'eux est formé de deux sections oui ressortissent à deux phratries différentes.

---

[1] Sur ce point encore, il y a une parenté remarquable entre cette tribu et celle des Aruntas où les classes matrimoniales sont également au nombre de huit; c'est du moins le cas chez les Aruntas du nord, et chez les autres, la même subdivision des quatre classes primitives est en voie de formation. La cause de ce sectionnement est la même dans les deux sociétés c'est la transformation de la filiation utérine en filiation masculine. Il a été montré ici même comment cette révolution aurait, en effet, pour résultat de rendre tout mariage impossible, si les quatre classes initiales ne se subdivisaient (voir Année socio*gique*, 5, p. 106, n° 1). - Chez les Chingalee, ce changement s'est d'ailleurs produit d'une manière très spéciale. La phratrie et, par suite, la classe matrimoniale, continuent à se transmettre en ligne maternelle; le totem seul est hérité du père. On s'explique ainsi comment chaque classe d'une phratrie a, dans l'autre, une classe correspondante qui comprend les mêmes totems. C'est que l'enfant appartient à une classe de la phratrie maternelle; mais il a les mêmes totems que son père, lequel appartient à une classe de l'autre phratrie.

Avec une autre tribu de la même région, nous allons faire un pas de plus dans la voie de l'organisation et de la systématisation. Chez les Moorawaria, de la rivière Culgoa, la segmentation des clans est encore poussée plus loin que chez les Aruntas; nous y connaissons, en effet, *152* espèces d'objets qui servent de totems à autant de clans différents. Mais cette multitude innombrable de choses est régulièrement encadrée dans les deux phratries Ippai-Kumbo et Kubi-Murri [1]. Nous sommes donc ici tout près du type classique, sauf l'émiettement des clans. Que la société, au lieu d'être à ce point dispersée, se concentre, que les clans, ainsi séparés, se rejoignent suivant leurs affinités naturelles de manière à former des groupes plus volumineux, que, par suite, le nombre des totems principaux diminue (les autres choses, qui servent présentement de totems, prenant, par rapport aux précédents, une place subordonnée) et nous retrouverons exactement les systèmes du Mont-Gambier.

En résumé, si nous ne sommes pas fondés à dire que cette manière de classer les choses est nécessairement impliquée dans le totémisme, il est, en tout cas, certain qu'elle se rencontre très fréquemment dans les sociétés qui sont organisées sur une base totémique. Il y a donc un lien étroit, et non pas un rapport accidentel, entre ce système social et ce système logique. Nous allons voir maintenant comment, à cette forme primitive de la classification, d'autres peuvent être rattachées qui présentent un plus haut degré de complexité.

III

Un des exemples les plus remarquables nous est offert par le peuple des Zuñis [2].

Les Zuñis, dit M. Powell, « représentent un développement inusité des conceptions primitives concernant les relations des choses ». Chez eux, la notion que la

---

[1] Il n'y a pas dans cette tribu de noms connus qui désignent spécialement les phratries. Nous désignons donc chacune d'elles par les noms de ses deux classes matrimoniales. On voit que la nomenclature est celle du système kamilaroi.

[2] Les Zuñis ont été admirablement étudiés par M. Cushing. Ils sont à la fois, dit cet auteur, « parmi les plus archaïques » et parmi « les plus développés ». Ils ont une admirable poterie, cultivent le blé et les pêches qu'ont importés les Espagnols, sont des joailliers distingués; pendant près de deux cents ans, ils ont été en relations avec les Mexicains. Aujourd'hui, ils sont catholiques, mais seulement d'une manière extérieure; ils ont conservé leurs rites, leurs usages et leurs croyances. Ils habitent tous ensemble un pueblo c'est-à-dire une seule ville, formée en réalité de six ou sept maisons, plutôt que de six ou sept groupes de maisons. Ils se caractérisent donc par un extrême concentration sociale, un conservatisme remarquable en même temps que par une grande faculté d'adaptation et d'évolution. Si nous ne trouvons pas chez eux ce primitif dont nous parlent MM. Cushing et Powell, il est certain que nous avons affaire à une pensée qui s'est développée suivant des principes très primitifs.
L'histoire de cette tribu est résumée par M. Cushing; l'hypothèse qu'il propose, d'après laquelle les Zuñis auraient une double origine, ne nous paraît nullement prouvée.

société a d'elle-même et la représentation qu'elle s'est faite du monde sont tellement entrelacées et confondues que l'on a pu très justement qualifier leur organisation de « mytho-sociologique ». M. Cushing n'exagère donc pas quand, parlant de ses études sur ce peuple, il dit : « Je suis convaincu qu'elles ont de l'importance pour l'histoire de l'humanité... car les Zuñis, avec leurs coutumes et leurs institutions si étrangement locales, avec les traditions qui concernent ces coutumes, représentent une phase de civilisation. » Et il se félicite de ce que leur contact ait « élargi sa compréhension des plus anciennes conditions de l'humanité, comme rien d'autre ne l'aurait pu faire ».

C'est qu'en effet nous trouvons chez les Zuñis un véritable arrangement de l'univers. Tous les êtres et tous les faits de la nature, « le soleil, la lune, les étoiles, le ciel, la terre et la mer avec tous leurs phénomènes et tous leurs éléments, les êtres inanimés aussi bien que les plantes, les animaux et les hommes » sont classés, étiquetés, assignés à une place déterminée dans « un système » unique et solidaire et dont toutes les parties sont coordonnées et subordonnées les unes aux autres suivant « des degrés de parenté » [1].

Tel qu'il se présente actuellement à nous, ce système a pour principe une division de l'espace en sept régions : celles du Nord, du Sud; de l'Ouest, de l'Est, du Zénith, du Nadir, et enfin celle du Milieu. Toutes les choses de l'univers sont réparties entre ces sept régions. Pour ne parler que des saisons et des éléments, au Nord sont attribués le vent, le souffle ou l'air, et, comme saison, l'hiver; à l'Ouest, l'eau, le printemps, les brises humides du printemps; au Sud, le feu et l'été; à l'Est, la terre, les semences de la terre, les gelées qui mûrissent les semences et achèvent l'année [2]. Le pélican, la grue, la grouse, le coq des sauges, le chêne vert, etc. sont choses du Nord; l'ours, le coyote, l'herbe de printemps sont choses de l'Ouest. A l'Est sont classés le daim, l'antilope, le dindon, etc. Non seulement les choses, mais les fonctions sociales sont réparties de cette manière. Le Nord est région de la force et de la destruction; la guerre et la destruction lui appartiennent; à l'Ouest, la paix (nous traduisons ainsi le mot anglais *warcure* que nous ne comprenons pas bien), et la chasse; au Sud, région de la chaleur, l'agriculture et la médecine; à l'Est, région du soleil, la magie et la religion; au monde supérieur et au monde inférieur sont assignées diverses combinaisons de ces fonctions.

A chaque région est attribuée une couleur déterminée qui la caractérise. Le Nord est jaune parce que, dit-on [3], au lever et au coucher du soleil, la lumière y est jaune;

---

[1] D'après M. Cushing « les degrés de parenté *(relationship)* semblent être largement, sinon entière-ment, déterminés par des degrés de ressemblance ». Ailleurs l'auteur a cru pouvoir appliquer son système d'explication dans toute sa rigueur; on voit que en ce qui concerne les Zuñis, il faut être plus réservé. Nous montrerons, en effet, l'arbitraire de ces classifications.

[2] Les semences de la terre étaient autrement localisées au sud.

[3] Nous rapportons ces explications, sans nous porter garants de leur valeur. Les raisons qui ont présidé à la répartition des couleurs sont probablement plus complexes encore. Mais les raisons données ne sont pas sans intérêt.

l'Ouest est bleu, à cause de la lumière bleue qu'on y voit au coucher du soleil [1]. Le Sud est rouge parce que c'est la région de l'été et du feu qui est rouge. L'Est est blanc parce que c'est la couleur du jour. Les régions supérieures sont bariolées comme les jeux de la lumière dans les nuages; les régions inférieures sont noires comme les profondeurs de la terre. Quant au « Milieu », nombril du monde, représentant de toutes les régions, il en a, à la fois, toutes les couleurs.

Jusqu'à présent, il semble que nous soyons en présence d'une classification tout à fait différente de celles que nous avons étudiées en premier lieu. Mais ce qui permet déjà de pressentir qu'il y a un lien étroit entre ces deux systèmes, *c'est que cette répartition des mondes est exactement la même que celle des clans à l'intérieur du pueblo.* « *Celui-ci* est, lui aussi, divisé, d'une manière qui n'est pas toujours très visible, mais que les indigènes trouvent très claire, en sept parties. Ces parties correspondent, non pas peut-être au point de vue des arrangements topographiques, mais au point de vue de leur ordre, aux sept quartiers du monde. Ainsi une division est supposée être en rapport avec le Nord ... ; une autre représente l'Ouest, une autre le Sud, etc.. » La relation est si étroite que chacun de ces quartiers du pueblo a sa couleur caractéristique, comme les régions; et cette couleur est celle de la région correspondante.

Or chacune de ces divisions est un groupe de trois clans, sauf celle qui est située au centre et qui n'en comprend qu'un, et « tous ces clans, dit M. Cushing, sont totémiques comme tous ceux des autres Indiens [2] ». Nous en donnons le tableau complet; car il y aura lieu de s'y référer pour comprendre les observations qui suivront.

Au Nord, les clans de la grue ou du pélican.
　　　de la grouse ou coq des sauges.
　　　du bois jaune ou chêne vert (clan presque éteint).

A l'Ouest, les clans de *l'ours.*
　　　du *coyote* (chien des prairies).
　　　de l'herbe de printemps.

Au Sud, les clans du tabac.
　　　du maïs.
　　　du blaireau.

A l'Est, les clans du daim.
　　　de l'antilope.
　　　du *dindon.*

---

[1]　M. Cushing dit que c'est à cause « du bleu du Pacifique », mais il n'établit pas que les Zuñis aient jamais connu l'Océan.

[2]　La filiation y est maternelle; le mari habite chez sa femme.

Au Zénith, les clans du soleil (éteint).
de *l'aigle.*
du ciel.

Au Nadir, les clans de la grenouille ou du crapaud.
du *serpent à sonnette.*
de l'eau.

Au Centre, le clan du perroquet macaw qui forme la clan du parfait milieu.

Le rapport entre la répartition des clans et la répartition des êtres suivant les régions apparaîtra comme plus évident encore si l'on rappelle que, d'une manière générale, tous les fois où l'on rencontre des clans différents groupés ensemble de manière à former un tout d'une certaine unité morale, on peut être à peu près assuré qu'ils sont dérivés d'un même clan initial par voie de segmentation. Si donc on applique cette règle au cas des Zuñis, il en résulte qu'il a dû y avoir, dans l'histoire de ce peuple, un moment où chacun des six groupes de trois clans constituait un clan unique, où, par suite, la tribu était divisée en sept clans [1], correspondant exactement aux sept régions. Cette hypothèse, déjà très vraisemblable pour cette raison générale, est d'ailleurs expressément confirmée par un document oral dont l'antiquité est certainement considérable [2]. Nous y trouvons une liste des six grands prêtres qui, dans l'importante confrérie religieuse dite « du couteau », représentent les six groupes de clans. Or, le prêtre, maître du Nord, y est dit le *premier dans la race des ours;* celui de l'Ouest, le *premier dans la race du coyote;* celui du Sud, *premier dans la race du blaireau;* celui de l'Est, *premier dans la race du dindon;* celui du dessus, *premier dans la race de l'aigle;* celui du dessous, *premier dans la race du serpent. Si* l'on se reporte au tableau des clans, on verra que les six grands prêtres servent de totems à six clans, et que ces six clans sont exactement orientés comme les animaux correspondants, à la seule exception de l'ours qui, dans les classifications plus récentes, est classé parmi les êtres de l'Ouest [3]. Ils appartiennent donc (toujours sous cette seule réserve) à autant de groupes différents. Par suite, chacun de ces clans se trouve investi d'une véritable primauté à l'intérieur de son groupe : il en est évidemment considéré comme le représentant et le chef, puisque c'est en lui qu'est pris le personnage chargé effectivement de cette représentation. C'est dire qu'il est le clan primaire dont les autres clans du même groupe sont dérivés par segmentation.

---

[1] En comptant le clan du Centre et en admettant qu'il formait dès lors un groupe à part, en dehors des deux phratries de trois clans; ce qui est douteux.

[2] Le texte est versifié : or les textes versifiés se conservent beaucoup mieux que les textes en prose. Il est certain, d'ailleurs, que, pour une très grande part, les Zuñis avaient, au temps de leur conversion, c'est-à-dire au XVIIIe siècle, une organisation très voisine de celle que M. Cushing a étudiée chez eux. La plupart des confréries et des clans existaient absolument identiques, comme on peut l'établir à l'aide des noms inscrits sur les registres baptismaux de la mission.

[3] Il est probable qu'avec le temps ce clan a changé d'orientation.

C'est un fait général chez les Pueblos (et même ailleurs) que le premier clan d'une phratrie en est aussi le clan originaire [1].

Il y a plus. Non seulement la division des choses par régions et la division de la société par clans se correspondent exactement, mais elles sont inextricablement entrelacées et confondues. On peut dire également bien que les choses sont classées au Nord, au Sud, etc., ou bien dans les clans du Nord, du Sud, etc. c'est ce qui est tout particulièrement évident des animaux totémiques; ils sont manifestement classés dans leurs clans, en même temps que dans une région déterminée [2]. Il en est ainsi de toutes choses, et même des fonctions sociales. Nous avons vu comment elles sont réparties entre les orients [3]; or cette répartition se réduit en réalité à une division entre les clans. Ces fonctions, en effet, sont actuellement exercées par des confréries religieuses qui, pour tout ce qui concerne ces différents offices, se sont substituées aux clans. Or ces confréries se recrutent sinon uniquement, du moins principalement, dans les clans attribués aux mêmes régions que les fonctions correspondantes. Ainsi les sociétés du couteau, du bâton de glace et du cactus, qui sont les confréries de guerre, sont groupées, « non pas d'une manière absolument rigoureuse, mais en principe » dans les clans du Nord; dans les clans de l'Ouest sont pris les gens du sacerdoce, de l'arc et de la chasse; dans ceux de l'Est, « les prêtres de prêtrise », ceux du duvet de cotonnier et de l'oiseau monstre qui forment la confrérie de la grande danse dramatique (magie et religion); dans ceux du Sud, les sociétés du grand feu ou de la braise dont les fonctions ne nous sont pas expressément indiquées, mais doivent certainement concerner l'agriculture et la médecine [4]. En un mot, à parler exactement, on ne peut pas dire que les êtres sont classés par clans, ni par orients, mais par clans orientés.

Il s'en faut donc que ce système soit séparé par un abîme du système australien. Si différentes que soient en principe une classification par clans et une classification par orients, chez les Zuñis, elles se superposent l'une à l'autre et se recouvrent exactement. Nous pouvons même aller plus loin. Plusieurs faits démontrent que c'est la classification par clans qui est la plus ancienne et qu'elle a été comme le modèle sur lequel l'autre s'est formée.

1. La division du monde par orients n'a pas toujours été ce qu'elle est depuis un certain temps. Elle a une histoire dont on peut reconstituer les principales phases. Avant la division par sept, il y en eut certainement une par six dont nous trouvons

---

[1] Comme nous nous occupons ici seulement de montrer que les six groupes de trois clans se sont formés par segmentation de six clans originaires, nous laissons de côté le dix-neuvième clan. Nous y reviendrons plus loin.

[2] « Ainsi les prêtres-pères déterminèrent que les créatures et les choses de l'été et de l'espace Sud ressortiraient aux gens du Sud... celles de l'hiver et de l'espace Nord aux gens de l'hiver », etc.

[3] Par abréviation nous nous servons de cette expression pour désigner les régions orientées.

[4] Partout, en Amérique, il y a un rapport entre la chaleur, surtout celle du soleil, et l'agriculture et la médecine. Quant aux confréries qui sont prises dans les régions du dessus et du dessous, elles ont pour fonctions la génération et la préservation de la vie.

encore des traces [1]. Et avant la division par six, il y en eut une par quatre, correspondant aux quatre points cardinaux. C'est sans doute ce qui explique que les Zuñis n'aient distingué que quatre éléments, situés en quatre régions [2].

Or il est tout au moins très remarquable qu'à ces variations de la classification par orients en correspondent d'autres, exactement parallèles, dans la classification par clans. Il est souvent question d'une division en six clans qui a été évidemment antérieure à la division par sept : c'est ainsi que les clans parmi lesquels sont choisis les grands prêtres qui représentent la tribu dans la confrérie du couteau, sont au nombre de six. Enfin, la division par six a été elle-même précédée d'une division en deux clans primaires ou phratries qui épuisaient la totalité de la tribu; le fait sera ultérieurement établi. Or la division d'une tribu en deux phratries correspond à un tableau des orients divisé en quatre parties. Une phratrie occupe le Nord, une autre le Sud, et entre elles il y a, pour les séparer, la ligne qui va de l'Est à l'Ouest. Nous observerons distinctement chez les Sioux le rapport qui unit cette organisation sociale à cette distinction des quatre points cardinaux.

2. Un fait qui montre bien que la classification des orients s'est superposée plus ou moins tardivement à la classification par clans, c'est qu'elle n'est parvenue à s'y adapter que malaisément et à l'aide d'un compromis. Si l'on s'en tient au principe sur lequel repose le premier système, chaque espèce d'êtres devrait être tout entière classée dans une région déterminée et une seule; par exemple, tous les aigles devraient appartenir à la région supérieure. Or, en fait, le Zuñi savait qu'il y avait des aigles dans toutes les régions. On admit alors que chaque espèce avait bien un habitat de prédilection; que là, et là seulement, elle existe sous sa forme éminente et parfaite. Mais en même temps on supposa que cette même espèce avait, dans les autres régions, des représentants, mais plus petits, moins excellents, et qui se distinguent les uns des autres en ce que chacun a la couleur caractéristique de la région à laquelle il est attribué : ainsi en dehors de l'aigle localisé au Zénith, il y a des aigles fétiches pour toutes les régions; il y a l'aigle jaune, l'aigle bleu, l'aigle blanc, l'aigle noir. Chacun d'eux a dans sa région toutes les vertus attribuées à l'aigle en général. Il n'est pas impossible de reconstituer la marche qu'a suivie la pensée des Zuñis pour aboutir à cette conception complexe. Les choses commencèrent par être classées par clans; chaque espèce animale fut, par suite, attribuée tout entière à un clan déterminé. Cette attribution totale ne soulevait aucune difficulté : car il n'y avait aucune contradiction à ce que toute une espèce fût conçue comme soutenant un rapport de parenté avec tel ou tel groupe humain. Mais quand la classification par orients s'établit, surtout quand elle prit le pas sur l'autre, une véritable impossibilité apparut : les faits s'opposaient trop évidemment à une localisation étroitement exclusive. Il fallait donc de toute

---

[1]   Nous savons que la notion du « milieu » est d'origine relativement tardive. Le milieu « fut trouvé » à un moment déterminé.

[2]   Les passages suivants sont très démonstratifs sur ce point : « Ils portèrent les tubes des choses cachées au nombre de quatre, correspondant aux régions des hommes. » « Ils portèrent les volants de divination au nombre de quatre, correspondant aux régions des hommes. »

nécessité que l'espèce, tout en restant concentrée éminemment sur un point unique, comme dans l'ancien système, se diversifiât cependant de manière à pouvoir se disperser, sous des formes secondaires et des aspects variés, dans toutes les directions.

3. Dans plusieurs cas on constate que les choses sont ou ont été, à un moment donné du passé, directement classées sous les clans et ne se rattachent que par l'intermédiaire de ces derniers à leurs orients respectifs.

Tout d'abord, tant que chacun des six clans initiaux était encore indivis, les choses, devenues depuis les totems des clans nouveaux qui se sont formés, devaient évidemment appartenir au clan initial en qualité de sous-totems et être subordonnées au totem de ce clan. Elles en étaient des espèces.

La même subordination immédiate se retrouve encore aujourd'hui pour une catégorie déterminée d'êtres, à savoir pour le gibier. Toutes les espèces de gibier sont réparties en six classes, et chacune de ces classes est considérée comme placée sous la dépendance d'un animal de proie déterminé. Les animaux auxquels est attribuée cette prérogative habitent chacun une région. Ce sont : au Nord, le lion des montagnes qui est jaune; à l'Ouest, l'ours qui est sombre; au Sud, le blaireau qui est blanc et noir [1]; à l'Est, le loup blanc; au Zénith, l'aigle; au Nadir, la taupe de proie, noire comme les profondeurs de la terre. Leur âme réside dans de petites concrétions de pierres qui sont considérées comme leurs formes et que l'on revêt, le cas échéant, de leurs couleurs caractéristiques. Par exemple, de l'ours dépendent le coyote, la brebis des montagnes, etc. [2]. Veut-on, par suite, s'assurer une chasse abondante de coyotes ou entretenir la puissance spécifique de l'espèce? C'est le fétiche de l'ours que l'on emploie suivant des rites déterminés [3]. Or, il est très remarquable que, sur ces six animaux, trois servent encore de totems à des clans existants et sont orientés comme ces clans eux-mêmes; ce sont l'ours, le blaireau et l'aigle. D'autre part, le lion des montagnes n'est que le substitut du coyote qui jadis était le totem de l'un des clans du Nord [4]. Quand le coyote passa à l'Ouest, il laissa, pour le remplacer au Nord, une des espèces qui lui étaient parentes. Il y eut donc un moment où quatre de ces animaux

---

[1]   Le raisonnement par lequel les Zuñis justifient cette assignation du blaireau montre combien ces associations d'idées dépendent de causes tout à fait étrangères à la nature intrinsèque des choses associées. Le Sud a le rouge pour couleur et on dit que le blaireau est du Sud parce que, d'une part, il est blanc et noir, et que de l'autre, le rouge n'est ni blanc ni noir *(Zuñi Fetishes, p. 17).* Voilà des idées qui se lient suivant une logique singulièrement différente de la nôtre.

[2]   La répartition des gibiers entre les six animaux de proie est exposée dans plusieurs mythes qui ne concordent pas dans tous les détails, mais qui reposent sur les mêmes principes. Ces discordances s'expliquent aisément en raison des modifications qui se sont produites dans l'orientation des clans.

[3]   Les six animaux fétiches coïncident exactement, sauf deux, avec les six animaux de proie des mythes. La divergence vient simplement de ce que deux espèces ont été remplacées par deux autres qui étaient apparentées aux premières.

[4]   Ce qui le prouve, c'est que le fétiche du coyote jaune, qui est attribué au Nord comme espèce secondaire, a cependant un rang de préséance sur le fétiche du coyote bleu, lequel est de l'Ouest.

privilégiés étaient totémiques. Pour ce qui est de la taupe de proie et du loup blanc, il faut observer qu'aucun des êtres qui servent de totems aux clans des deux régions correspondantes (Est et Nadir) n'est un animal de proie [1]. Il fallut donc bien leur trouver des substituts.

Ainsi, les différentes sortes de gibiers sont conçues comme subordonnées directement aux totems ou à des succédanés des totems. C'est seulement à travers ces derniers qu'ils se rattachent à leurs orients respectifs. C'est donc que la classification des choses sous les totems, c'est-à-dire par clans, a précédé l'autre.

Sous un autre point de vue encore, les mêmes mythes dénotent cette antériorité d'origine. Les six animaux de proie ne sont pas seulement préposés au gibier, mais encore aux six régions; à chacun d'eux une des six parties du monde est affectée et c'est lui qui en a la garde. C'est par son intermédiaire que les êtres placés dans sa région communiquent avec le dieu créateur des hommes. La région et tout ce qui y ressortit se trouvent donc conçus comme dans un certain rapport de dépendance vis-à-vis des animaux totems. Ce qui n'aurait jamais pu se produire si la classification par orients avait été primitive.

Ainsi, sous la classification par régions, qui, au premier abord, était seule apparente, nous en retrouvons une autre qui est, de tous points, identique à celles que nous avons observées déjà en Australie. Cette identité est même plus complète qu'il ne paraît d'après ce qui précède. Non seulement les choses ont été, à un moment, directement classées par clans; mais ces clans eux-mêmes ont été classés en deux phratries tout comme dans les sociétés australiennes. C'est ce qui ressort avec évidence d'un mythe que nous rapporte M. Cushing. Le premier grand prêtre et magicien, racontent les Zuñis, apporta aux hommes nouvellement venus à la lumière deux paires d'œufs; l'une était d'un bleu sombre, merveilleux comme celui du ciel; l'autre était d'un rouge sombre, comme la terre-mère. Il dit que dans l'une était l'été et, dans l'autre, l'hiver, et il invita les hommes à choisir. Les premiers qui firent leur choix se décidèrent pour les bleus; ils se réjouirent tant que les jeunes n'eurent pas de plumes. Mais quand celles-ci poussèrent, elles devinrent noires; c'étaient des corbeaux dont les descendants, véritables fléaux, partirent pour le Nord. Ceux qui choisirent les oeufs rouges virent naître le brillant perroquet macaw; ils eurent en partage les sentences, la chaleur et la paix. « C'est ainsi, continue le mythe, que notre nation fut divisée entre les gens de l'hiver et les gens de l'été... Les uns devinrent des perroquets macaw, apparentés au perroquet macaw ou mula-kwe, les autres devinrent les corbeaux ou kâ-ka-kwe [2]. » Ainsi donc, la société commença par être divisée en deux phratries situées l'une au Nord, l'autre au Sud; elles avaient pour totems l'une le

---

[1] Il y a bien le serpent qui est totem du Nadir et qui, d'après nos idées actuelles, est un animal de proie. Mais il n'en est pas ainsi pour le Zuñi. Pour lui, les bêtes de proie ne peuvent être que des bêtes munies de griffes.

[2] Le mot de kâ-ka-kwe nous semble bien être l'ancien nom du corbeau. Cette identification admise trancherait toutes les questions que soulève l'étymologie de ce mot et l'origine de la fête des kâ-ka-kwe.

corbeau qui a disparu, l'autre, le perroquet macaw qui subsiste toujours [1]. La mythologie a même gardé le souvenir de la subdivision de chaque phratrie en clans. Suivant leur nature, leurs goûts et leurs aptitudes, les gens du Nord ou du corbeau devinrent, dit le mythe, gens de l'ours, gens du coyote, du daim, de la grue, etc., et de même pour les gens du Sud et du perroquet macaw. Et une fois constitués, les clans se partagèrent les essences des choses : par exemple, aux élans appartinrent les semences de la grêle, de la neige; aux clans du crapaud, les semences de l'eau, etc. Preuve nouvelle que les choses commencèrent par être classées par clans et par totems.

Il est donc permis de croire, d'après ce qui précède, que le système des Zuñis [2] est en réalité un développement et une complication du système australien. Mais ce qui achève de démontrer la réalité de ce rapport, c'est qu'il est possible de retrouver, les états intermédiaires qui relient deux états extrêmes et, ainsi, d'apercevoir comment le second s'est dégagé du premier.

La tribu Sioux des Omahas, telle se trouve précisément dans cette situation mixte : la classification des choses par clans y est encore et surtout y a été très nette, mais la notion systématique des régions y est seulement en voie de formation.

---

[1] Le clan du perroquet, qui maintenant est le seul de la région du Milieu, était donc primitivement le premier clan, le clan souche de la phratrie de l'été.

[2] Nous disons le système des Zuñis, parce que c'est chez eux qu'il a été le mieux et le plus complètement observé. Nous ne pouvons pas établir d'une manière tout à fait catégorique que les autres Indiens pueblos ont procédé de même : mais nous sommes convaincus que les études que font en ce moment sur ces différents peuples MM. Fewkes, Bourke, Mrs Stevenson, M. Dorsey conduiront à des résultats similaires. Ce qui est certain, c'est que chez les Hopis de Walpi et de Tusayan on trouve neuf groupes de clans analogues à ceux que nous avons rencontrés chez les Zuñis : le premier clan de chacun de ces groupes a le même nom que le groupe tout entier, preuve que ce groupement est dû à la segmentation d'un clan initial. Ces neuf groupes renferment une multitude innombrable de sous-totems qui paraissent bien épuiser toute la nature. D'autre part, il est fait expressément mention pour ces clans d'orients mythiques déterminés. Ainsi le clan du serpent à sonnettes est venu de l'Ouest et du Nord et il comprend un certain nombre de choses qui sont, par cela même, orientées : différentes sortes de cactus, les colombes, les marmottes, etc. De l'Est est venu le groupe de clans qui a pour totem la corne et qui comprend l'antilope, le daim, la brebis des montagnes. Chaque groupe est originaire d'une région nettement orientée. D'autre part le symbolisme des couleurs correspond bien à celui que nous avons observé chez les Zuñis. Enfin, comme chez les Zuñis également, les monstres de proie et les gibiers sont répartis par régions. Il y a toutefois cette différence que les régions ne correspondent pas aux points cardinaux.
Le pueblo ruiné de Sia semble avoir conservé un souvenir fort net de cet état de la pensée collective. Ce qui montre bien que les choses y ont été divisées d'abord par clans, et ensuite par régions, c'est qu'il existe dans chaque région un représentant de chaque animal divin. Mais actuellement les clans n'y existent plus qu'à l'état de survivances.
Nous croyons qu'on trouverait chez les Navahos de semblables méthodes classificatrices. Nous sommes aussi persuadé, sans pouvoir l'établir ici, que beaucoup de faits de la symbologie des Huichols et de celle des Aztèques, « ces autres Pueblos » comme dit Morgan, trouveraient une explication décisive dans des faits de ce genre. L'idée a d'ailleurs été émise par MM. Powell, Mallery et Cyrus Thomas.

La tribu est divisée en deux phratries qui contiennent chacune cinq clans. Ces clans se recrutent par voie de descendance exclusivement masculine; c'est dire que l'organisation proprement totémique, le culte du totem y sont en décadence [1]. Chacun d'eux se subdivise à son tour en sous-clans qui, parfois, se subdivisent eux-mêmes. M. Dorsey ne nous dit pas que ces différents groupes se répartissent toutes les choses de ce monde. Mais si la classification n'est pas et, peut-être même, n'a jamais été réellement exhaustive, certainement elle a dû être, au moins dans le passé, très compréhensive. C'est ce que montre l'étude du seul clan [2] complet qui nous ait été conservé; c'est le clan des Chatada, qui fait partie de la première phratrie. Nous laisserons de côté les autres qui sont probablement mutilés et qui nous présenteraient, d'ailleurs, les mêmes phénomènes, mais à un moindre degré de complication.

La signification du mot qui sert à désigner ce clan est incertaine; mais nous avons une liste fort complète des choses qui y sont rapportées. Il comprend quatre sous-clans, eux-mêmes sectionnés [3].

Le premier sous-clan est celui de l'ours noir. Il comprend l'ours noir, le raccoon, l'ours grizzly, le porc-épic qui semblent être des totems de sections.

Le deuxième est celui des « gens qui ne mangent pas les petits oiseaux ». De lui dépendent 1. les faucons; 2. les oiseaux noirs qui eux-mêmes se divisent en oiseaux à têtes blanches, à têtes rouges, à têtes jaunes, à ailes rouges; 3. les oiseaux noir-gris ou « gens du tonnerre », qui se subdivisent à leur tour en alouettes des prés et poules des prairies; 4. les chouettes subdivisées elles-mêmes en grandes, petites et moyennes.

Le troisième sous-clan est celui de l'aigle; il comprend d'abord trois espèces d'aigles; et une quatrième section ne paraît pas se rapporter à un ordre de choses déterminé; elle est intitulée « les travailleurs ».

Enfin le quatrième sous-clan est celui de la tortue. Il est en rapports avec le brouillard que ses membres ont le pouvoir d'arrêter [4]. Sous le genre tortue se trouvent subsumées quatre espèces particulières du même animal.

Comme on est fondé à croire que ce cas n'a pas été unique, que bien d'autres clans ont dû présenter de semblables divisions et subdivisions, on peut supposer sans

---

[1]   En effet, d'une manière générale, là où la filiation est masculine, le culte totémique s'affaiblit et tend à disparaître (voir Durkheim, « La prohibition de l'inceste », *Année sociologique, 1, p. 23).* En fait, Dorsey mentionne la décadence des cultes totémiques *(Siouan Cults, p. 391).*

[2]   Il nous paraît assez présumable que ce clan a été un clan do l'ours; c'est en effet, le nom du premier sous-clan. De plus, le clan qui lui correspond dans les autres tribus Sioux est un clan de l'ours.

[3]   Dorsey pour désigner ces groupements se sert des mots de *gentes* et de *sub-gentes. Il* ne nous paraît pas nécessaire d'adopter une expression nouvelle pour désigner les clans à descendance masculine. Ce n'est qu'une espèce du genre.

[4]   Le brouillard est, sans doute, représenté sous la forme d'une tortue. On sait que chez les Iroquois le brouillard et la tempête relevaient du clan du lièvre. Cf. Frazer, « Origin of Totemism », *Fortnightly Review, 1899, p. 847.*

témérité que le système de classification, encore observable chez les Omahas, a eu autrefois une complexité plus grande qu'aujourd'hui. Or, à côté de cette répartition des choses, analogue à celle que nous avons constatée en Australie, on voit apparaître, mais sous une forme rudimentaire, les notions d'orientation.

Lorsque la tribu campe, le campement affecte une forme circulaire; or, à l'intérieur de ce cercle, chaque groupe particulier a un emplacement déterminé. Les deux phratries sont respectivement à droite et à gauche de la route suivie par la tribu, le point de départ servant de point de repère. A l'intérieur du demi-cercle occupé par chaque phratrie, les clans, à leur tour, son nettement localisés les uns par rapport aux autres et il en est de même des sous-clans. Les places qui leur sont attribuées dépendent moins de leur parenté que de leurs fonctions sociales, et, par conséquent, de la nature des choses placées sous leur dépendance et sur lesquelles est censée s'exercer leur activité. Ainsi, il y a, dans chaque phratrie, un clan qui soutient des rapports spéciaux avec le tonnerre et avec la guerre; l'un est le clan de l'élan, le second est celui des ictasandas. Or ils sont placés l'un en face de l'autre à l'entrée du camp, dont ils ont la garde, d'ailleurs plus rituelle que réelle, c'est par rapport à eux que les autres clans sont disposés toujours d'après le même principe. Les choses se trouvent donc situées, de cette manière, à l'intérieur du camp, en même temps que les groupes sociaux auxquels elles sont attribuées. L'espace est partagé entre les clans et entre les êtres, événements, etc., qui ressortissent à ces clans. Mais on voit que ce qui est ainsi réparti, ce n'est pas l'espace mondial, c'est seulement l'espace occupé par la tribu. Clans et choses sont orientés, non pas encore d'après les points cardinaux, mais simplement par rapport au centre du camp. Les divisions correspondent, non aux orients proprement dits, mais à l'avant et à l'arrière, à la droite et à la gauche, à partir de ce point central [1]. De plus, ces divisions spéciales sont attribuées aux clans, bien loin que les clans leur soient attribués, comme c'était le cas chez les Zuñis.

Dans d'autres tribus Sioux, la notion d'orientation prend plus de distinction. Comme les Omahas, les Osages sont divisés en deux phratries, situées l'une à droite et l'autre à gauche; mais tandis que chez les premiers les fonctions des deux phratries se confondaient par certains points (nous avons vu que l'une et l'autre avaient un clan de la guerre et du tonnerre), ici, elles sont nettement distinctes. Une moitié de la tribu est préposée à la guerre, l'autre à la paix. Il en résulte nécessairement une localisation plus exacte des choses. Chez les Kansas, nous trouvons la même organisation. De plus, chacun des clans et des sous-clans soutient un rapport défini avec les quatre points cardinaux [2]. Enfin, chez les Ponkas [3], nous faisons un progrès de plus. Comme

---

[1]   Pour comprendre combien l'orientation des clans est indéterminée par rapport aux points cardinaux, il suffit de se représenter qu'elle change complètement suivant que la route suivie par la tribu va du nord au sud, ou de l'est à l'ouest, ou inversement. Ainsi, MM Dorsey et Mac Gee se sont aventurés en rapprochant, autant qu'ils l'on fait, ce système omaha de la classification complète des clans et des choses sous les régions.

[2]   Dans la cérémonie de circum-ambulation autour des points cardinaux, le point d'où doit partir chaque clan varie suivant les clans.

[3]   Cette tribu à d'assez importants sous-totems.

chez les précédents, le cercle formé par la tribu est divisé en deux moitiés égales qui correspondent aux deux phratries. D'autre part, chaque phratrie comprend quatre clans, mais qui se réduisent tout naturellement à deux doublets; car le même élément caractéristique est attribué à deux clans à la fois. Il en résulte la disposition suivante des gens et des choses. Le cercle est divisé en quatre parties. Dans la première, à gauche de l'entrée, se trouvent deux clans du feu (ou du tonnerre); dans la partie située derrière, deux clans du vent; dans la première à droite, deux clans de l'eau; derrière, deux clans de la terre. Chacun des quatre éléments est donc localisé exactement dans l'un des quatre secteurs de la circonférence totale. Dès lors, il suffira que l'axe de cette circonférence coïncide avec l'un des deux axes de la rose des vents pour que les clans et les choses soient orientés par rapport aux points cardinaux. Or on sait que, dans ces tribus, l'entrée du camp est généralement tournée vers l'ouest [1].

Mais cette orientation (hypothétique, d'ailleurs, en partie) reste encore indirecte. Les groupes secondaires de la tribu, avec tout ce qui en dépend, sont situés dans les quartiers du camp qui sont plus ou moins nettement orientés; mais, dans aucun de ces cas, il n'est dit que tel clan soutient une relation définie avec telle portion de l'espace en général. C'est encore uniquement de l'espace tribal qu'il est question; nous continuons donc à rester assez loin des Zuñis [2]. Pour nous en rapprocher davantage, il va nous falloir quitter l'Amérique et revenir en Australie. C'est dans une tribu australienne que nous allons trouver une partie de ce qui manque ainsi aux Sioux, preuve nouvelle et particulièrement décisive que les différences entre ce que nous avons appelé jusqu'ici le système américain et le système australien ne tiennent pas uniquement à des causes locales et n'ont rien d'irréductible.

Cette tribu est celle des Wotjoballuk, que nous avons déjà étudiée. Sans doute, M. Howitt, à qui nous devons ces renseignements, ne nous dit pas que les points cardinaux aient joué aucun rôle dans la classification des choses; et nous n'avons aucune raison de suspecter l'exactitude de ses observations sur ce point. Mais, pour ce qui est des clans, il n'y a aucun doute à avoir : chacun d'eux est rapporté à un espace déterminé, qui est vraiment sien. Et il ne s'agit plus cette fois d'un quartier du camp, mais d'une portion délimitée de l'horizon en général. Chaque clan peut être ainsi situé sur la rose des vents. Le rapport entre le clan et son espace est même tellement intime que ses membres doivent être enterrés dans la direction qui est ainsi déterminée. « Par

---

[1]   Chez les Winnebagos, où l'on trouve la même répartition des clans et des choses, l'entrée est à l'ouest. Mais cette orientation différente de l'entrée ne modifie pas l'aspect général du campement. - La même disposition se retrouve d'ailleurs chez les Omahas, non pas dans l'assemblée générale de la tribu, mais dans les assemblées particulières des clans ou, tout au moins, de certains clans. C'est notamment le cas du clan Chatada. Dans le cercle qu'il forme quand il se réunit, la terre, la feu, le vent et l'eau sont situés exactement de la même manière dans quatre secteurs différents.

[2]   Il y a pourtant une tribu Siou où nous retrouvons les choses vraiment classées sous les orients, comme chez les Zuñis; ce sont les Dacotahs. Mais, chez ce peuple, les clans ont disparu et, par suite la classification par clans. C'est ce qui nous empêche d'en faire état dans notre démonstration. La classification dacotah est singulièrement analogue à la classification chinoise que nous étudierons tout à l'heure.

exemple, un Wartwut, vent chaud [1], est enterré avec la tête dirigée un peu vers l'ouest du nord, c'est-à-dire dans la direction d'où le vent chaud souffle dans leur pays. » Les gens du soleil sont enterrés dans la direction du lever du soleil et ainsi de suite pour les autres.

Cette division des espaces est si étroitement liée à ce qu'il y a de plus essentiel dans l'organisation sociale de cette tribu, que M. Howitt a pu y voir « une méthode mécanique employée par les Wotjoballuk pour conserver et pour exposer le tableau de leurs phratries, de leurs totems, et de leurs relations avec ces différents groupes et les uns par rapport aux autres ». Deux clans ne peuvent pas être parents sans être, par cela même, rapportés à deux régions voisines de l'espace. C'est ce que montre la figure ci-contre [2], que M. Howitt a construite d'après les indications d'un indigène, d'ailleurs fort intelligent. Celui-ci, pour décrire l'organisation de la tribu, commença par placer un bâton exactement dirigé vers l'est, car ngaui, le soleil, est le principal totem et c'est par rapport à lui que tous les autres sont déterminés. En d'autres termes, c'est le clan du soleil et l'orientation est- ouest qui a dû donner l'orientation générale des deux phratries Krokitch et Gamutch, la première étant située au-dessus de la ligne est-ouest, l'autre au-dessous. En fait, on peut voir sur la figure que la phratrie Gamutch est tout entière au sud, l'autre presque tout entière au nord. Un seul clan Krokitch, le clan *9,* dépasse la ligne est-ouest et il y a tout lieu de croire que cette anomalie est due ou à une erreur d'observation ou à une altération plus ou moins tardive du système primitif [3]. On aurait ainsi une phratrie du Nord et une phratrie du Midi tout à fait analogues à celles que nous avons constatées dans d'autres sociétés. La ligne nord-sud est déterminée très exactement dans la partie Nord par le clan du

---

[1]   Le mot de Wartwut veut dire à la fois Nord et vent du N.-N.-Ouest, ou vent chaud.

[2]   Voici, autant qu'elle peut être établie, la traduction des termes indigènes désignant les clans : 1 et *2 (ngaui)* signifie soleil; 3 *(barewum),* une cave (?); 4 et 11 *(batchangal),* pélican; 5 *(wartwut-balchangal),* pélican vent chaud; 6 *(wartwut),* vent chaud; 7 (moi), serpent-tapis; 8 et 9 *(munya),* kangourou(?); 10 *(wurant),* cacatois noir; 12 *(ngungul),* la mer; 13 *(gallan),* vipère mortelle.

[3]   En effet M. Howitt mentionne lui-même que son informateur a eu sur ce point des hésitations. D'autre part, ce clan est en réalité le même que le clan 8 et ne s'en distingue que par ses totems mortuaires.

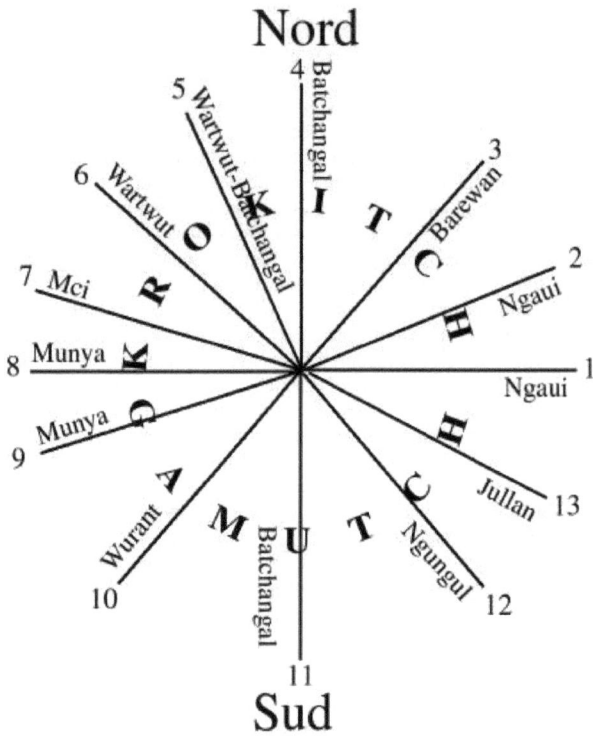

pélican de la phratrie Krokitch, et, dans la partie sud, par le clan de la phratrie Gamutch qui porte le même nom. On a ainsi quatre secteurs dans lesquels se localisent les autres clans. Comme chez les Omahas, l'ordre selon lequel ils sont disposés exprime les rapports de parenté qui existent entre leurs totems. Les espaces qui séparent les clans apparentés portent le nom du clan primaire, dont les autres sont des segments. Ainsi les clans 1 et 2 sont appelés, ainsi que l'espace intermédiaire, « appartenant au soleil »; les clans 3 et 4 ainsi que la région intercalée sont « complètement au cacatois blanc ». Le cacatois blanc étant un synonyme de soleil, ainsi que nous l'avons déjà montré, on peut dire que tout le secteur qui va de l'est au nord est chose du soleil. De même les clans qui vont de 4 à 9, c'est-à-dire qui vont du nord à l'ouest sont tous des segments du pélican de la première phratrie. On voit avec quelle régularité les choses sont orientées.

En résumé, non seulement là où les deux types de classification coexistent, comme c'est le cas chez les Zuñis, nous avons des raisons de penser que la classification par clans et par totems est la plus ancienne, mais encore nous avons pu suivre, à travers les différentes sociétés que nous venons de passer en revue, la manière dont le second système est sorti du premier et s'y est surajouté.

Dans les sociétés dont l'organisation a un caractère totémique, c'est une règle générale que les groupes secondaires de la tribu, phratries, clans, sous-clans, se disposent dans l'espace suivant leurs rapports de parenté et les similitudes ou les différences que présentent leurs fonctions sociales. Parce que les deux phratries ont des personnalités distinctes, parce que chacune a un rôle différent dans la vie de la tribu, elles s'opposent spatialement ; l'une s'établit d'un côté, l'autre de l'autre; l'une est orientée dans un sens, l'autre dans le sens opposé. A l'intérieur de chaque phratrie, les clans sont d'autant plus voisins, ou, au contraire, d'autant plus éloignés les uns des autres que les choses de leur ressort sont plus parentes ou plus étrangères les unes aux autres. L'existence de cette règle était très apparente dans les sociétés dont nous avons parlé. Nous avons vu, en effet, comment, chez les Zuñis, à l'intérieur du Pueblo, chaque clan était orienté dans le sens de la région qui lui était assignée; comment, chez les Sioux, les deux phratries, chargées de fonctions aussi contraires que possible, étaient situées l'une à gauche, l'autre à droite, l'une à l'est, l'autre à l'ouest. Mais des faits identiques ou analogues se retrouvent dans bien d'autres tribus. On signale également cette double opposition des phratries, et quant à la fonction et quant à l'emplacement, chez les Iroquois, chez les Wyandols, chez les Séminoles, tribu dégénérée de la Floride, chez les Thlinkits, chez les Indiens Loucheux ou Déné Dindjé, les plus septentrionaux, les plus abâtardis, mais aussi les plus primitifs des Indiens [1]. En Mélanésie, l'emplacement respectif des phratries et des clans n'est pas moins rigoureusement déterminé. Il suffit, d'ailleurs, de se rappeler le fait déjà cité, de ces tribus divisées en phratrie de l'eau et phratrie de la terre, campant l'une sous le vent, l'autre vers le vent. Dans beaucoup de sociétés mélanésiennes, cette division bipartite est même tout ce qui reste de l'ancienne organisation. En Australie, à maintes reprises, on a constaté les mêmes phénomènes de localisation. Alors même que les membres de chaque phratrie sont dispersés à travers une multitude de groupes locaux, à l'intérieur de chacun d'eux elles s'opposent dans le campement. Mais c'est surtout dans les rassemblements de la tribu tout entière que ces dispositions sont apparentes, ainsi que l'orientation qui en résulte. C'est le cas tout particulièrement chez les Aruntas. Nous trouvons, d'ailleurs, chez eux, la notion d'une orientation spéciale, d'une direction mythique assignée à chaque clan. Le clan de l'eau appartient à une région qui est censée être celle de l'eau. C'est dans la direction du camp mythique où sont censés avoir habité les ancêtres fabuleux, les Alcheringas, que l'on oriente le mort. La direction du camp des ancêtres mythiques de la mère entre en ligne de compte lors de certaines cérémonies religieuses (le percement du nez, l'extraction de

---

[1]   Chez les Loucheux, il y a une phratrie de droite, une de gauche et une du milieu.

l'incisive supérieure [1]). Chez les Kulin, et dans tout le groupe de tribus qui habitent la côte de la Nouvelle-Galles du Sud, les clans sont placés dans l'assemblée tribale suivant le point de l'horizon d'où ils viennent.

Ceci posé, on comprend aisément comment la classification par orients s'est établie. Les choses furent d'abord classées par clans et par totems. Mais cette étroite localisation des clans dont nous venons de parler entraîna forcément une localisation correspondante des choses attribuées aux clans. Du moment que les gens du loup, par exemple, ressortissent à tel quartier du camp, il en est nécessairement de même des choses de toutes sortes qui sont classées sous ce même totem. Par suite, que le camp s'oriente d'une manière définie, et toutes ses parties se trouveront orientées du même coup avec tout ce qu'elles comprennent, choses et gens. Autrement dit, tous les êtres de la nature seront désormais conçus comme soutenant des rapports déterminés avec des portions également déterminées de l'espace. Sans doute, c'est seulement l'espace tribal qui est ainsi divisé et réparti. Mais de même que la tribu constitue pour le primitif toute l'humanité, de même que l'ancêtre fondateur de la tribu est le père et le créateur des hommes, de même aussi l'idée du camp se confond avec l'idée du monde [2]. Le camp est le centre de l'univers et tout l'univers y est en raccourci. L'espace mondial et l'espace tribal ne se distinguent donc que très imparfaitement et l'esprit passe de l'un à l'autre sans difficulté, presque sans en avoir conscience. Et ainsi les choses se trouvent rapportées à tels ou tels orients en général. Toutefois, tant que l'organisation en phratries et en clans resta forte, la classification par clans resta prépondérante; c'est par l'intermédiaire des totems que les choses furent rattachées aux régions. Nous avons vu que c'était encore le cas chez les Zuñis, au moins pour certains êtres. Mais que les groupements totémiques, si curieusement hiérarchisés, s'évanouissent et soient remplacés par des groupements locaux, simplement juxtaposés les uns aux autres, et, dans la même mesure, la classification par orients sera désormais la seule possible [3].

Ainsi, les deux types de classification que nous venons d'étudier ne font qu'exprimer, sous des aspects différents, les sociétés mêmes au sein desquelles elles se sont élaborées; la première était modelée sur l'organisation juridique et religieuse de la tribu, la seconde sur son organisation morphologique. Lorsqu'il s'agit d'établir des liens de parenté entre les choses, de constituer des familles de plus en plus vastes

---

[1] Nous avons évidemment affaire ici soit à un commencement, soit à un reste de localisation des clans. C'est, croyons-nous, plutôt un reste. Si, comme on a essayé de le démontrer ici l'an dernier, on admet que les clans ont été répartis entre les phratries, comme les phratries sont localisées, les clans ont dû l'être.

[2] On trouve encore à Rome des traces de ces idées : m*undus* signifie à la fois le monde et le lieu où se réunissaient les comices. L'identification de la tribu (ou de la cité) et de l'humanité n'est donc pas due simplement à l'exaltation de l'orgueil national, mais à un ensemble de conceptions qui font de la tribu le *microcosme de l'univers*.

[3] Dans ce cas, tout ce qui survit de l'ancien système, c'est l'attribution de certains pouvoirs aux groupes locaux. Ainsi, chez les Kurnai chaque groupe local est maître d'un certain vent qui est censé venir de son côté.

d'êtres et de phénomènes, on a procédé à l'aide des notions que fournissaient la famille, le clan, la phratrie et l'on est parti des mythes totémiques. Lorsqu'il s'est agi d'établir des rapports entre les espaces, ce sont les rapports spatiaux que les hommes soutiennent à l'intérieur de la société qui ont servi de point de repère. Ici, le cadre a été fourni par le clan lui-même, là, par la marque matérielle que le clan a mise sur le sol. Mais l'un et l'autre cadre sont d'origine sociale.

IV

Il nous reste maintenant à décrire, au moins dans ses principes, un dernier type de classification qui présente tous les caractères essentiels de ceux qui précèdent sauf qu'il est, depuis qu'il est connu, indépendant de toute organisation sociale. Le meilleur cas du genre, le plus remarquable et le plus instructif, nous est offert par le système divinatoire astronomique, astrologique, géomantique et horoscopique des Chinois. Ce système a derrière lui une histoire qui remonte aux temps les plus lointains; car il est certainement antérieur aux premiers documents authentiques et datés que nous ait conservés la Chine. Dès les premiers siècles de notre ère, il était déjà en plein développement. D'autre part, si nous allons l'étudier de préférence en Chine, ce n'est pas qu'il soit spécial à ce pays; on le trouve dans tout l'Extrême-Orient. Les Siamois, les Cambodgiens, les Thibétains, les Mongols le connaissent et l'emploient également. Pour tous ces peuples, il exprime le « tao », c'est-à-dire la nature. Il est à la base de toute la philosophie et de tout le culte qu'on appelle vulgairement taoisme. Il régit en somme tous les détails de la vie dans le plus immense groupement de population qu'ait jamais connu l'humanité.

L'importance même de ce système ne nous permet pas d'en retracer autre chose que les grandes lignes. Nous nous bornerons à le décrire dans la mesure strictement nécessaire pour faire voir combien il concorde, dans ses principes généraux, avec ceux que nous avons décrits jusqu'ici.

Il est fait lui-même de plusieurs systèmes entremêlés.

L'un des principes les plus essentiels sur lesquels il repose est une division de l'espace suivant les quatre points cardinaux. Un animal préside et donne son nom à chacune de ces quatre régions. A proprement parler, l'animal se confond avec sa région : le dragon d'azur est l'Est, l'oiseau rouge est le Sud, le tigre blanc est l'Ouest, la tortue noire le Nord. Chaque région a la couleur de son animal et, suivant des conditions diverses que nous ne pouvons exposer ici, elle est favorable ou défavorable. Les êtres symboliques qui sont ainsi préposés à l'espace gouvernent d'ailleurs aussi bien la terre que le ciel. Ainsi une colline ou une configuration géographique qui paraît ressembler à un tigre est du tigre et de l'Ouest : si elle rappelle un dragon, elle est du dragon et de l'Est. Par suite, un emplacement sera considéré comme favorable, si les choses qui l'entourent sont d'un aspect conforme à leur orientation; par exemple, si celles qui sont à l'Ouest sont du tigre et celles qui sont à l'Est sont du dragon [1].

Mais l'espace compris entre chaque point cardinal est lui-même divisé en deux parties : de là résulte un total de huit divisions qui correspondent aux huit vents. Ces huit vents, à leur tour, sont en rapports étroits avec huit pouvoirs, représentés par huit trigrammes qui occupent le centre de la boussole divinatoire. Ces huit pouvoirs sont d'abord, aux deux extrémités (le 1er et le 8e les deux substances opposées de la terre et du ciel; entre eux sont situés les six autres pouvoirs, à savoir : 1. les vapeurs, nuages, émanations, etc.; 2. le feu, la chaleur, le soleil, la lumière, l'éclair; 3. le tonnerre; 4. le vent et le bois; 5. les eaux, rivières, lacs et mer; 6. les montagnes.

Voilà donc un certain nombre d'éléments fondamentaux classés aux différents points de la rose des vents. Maintenant, à chacun d'eux, tout un ensemble de choses est rapporté : *Khien,* le ciel, principe pur de la lumière, du mâle, etc., est placé au Sud [2]. Il « signifie » l'immobilité et la force, la tête, la sphère céleste, un père, un prince, la rondeur, le jade, le métal, la glace, le rouge, un bon cheval, un vieux cheval, un gros cheval, un bancale, le fruit des arbres, etc. En d'autres termes, le ciel connote ces différentes sortes de choses, comme, chez nous, le genre connote les espèces qu'il comprend en lui. Kicun, principe femelle, principe de la terre, de l'obscurité, est au Nord; à lui ressortissent la docilité, le bétail, le ventre, la terre-mère, les habits, les chaudrons, la multitude, le noir, les grands charrois, etc. « Soleil » veut dire pénétration; sous lui sont subsumés le vent, le bois, la longueur, la hauteur, la volaille, les cuisses, la fille aînée, les mouvements en avant et en arrière, tout gain de 3 %, etc. Nous nous bornons à ces quelques exemples. La liste des espèces d'êtres, d'événements, d'attributs, de substances, d'accidents ainsi classés sous la rubrique des huit pouvoirs est vraiment infinie. Elle épuise à la façon d'une gnose ou d'une cabale l'ensemble du monde. Sur ce thème, les classiques et leurs imitateurs se livrent à des spéculations sans fin avec une verve inépuisable.

A côté de cette classification en huit pouvoirs, on en trouve une autre qui répartit les choses sous cinq éléments, la terre, l'eau, le bois, le métal, le feu. On a remarqué, d'ailleurs, que la première n'était pas irréductible à la seconde; si, en effet, on en élimine les montagnes, si, d'autre part, on confond les vapeurs avec l'eau et le tonnerre avec le feu, les deux divisions coïncident exactement.

---

[1] La chose est d'ailleurs plus compliquée encore: dans chacune des quatre régions sont réparties sept constellations d'où les vingt-huit astérismes chinois. (On sait que beaucoup de savants attribuent une origine chinoise au nombre des astérismes dans tout l'Orient.) Les influences astrales, terrestres, atmosphériques, concourent toutes dans ce système, dit du Fung-shui, ou « du vent et de l'eau ».

[2] Nous suivons le tableau dressé par M. de Groot. Naturellement ces classifications manquent de tout ce qui ressemble à la logique grecque et européenne. Les contradictions, les déviations, les chevauchements y abondent. Elles n'en sont d'ailleurs que plus intéressantes à nos yeux.

Quoi qu'il en soit de la question de savoir si ces deux classifications dérivent l'une de l'autre ou sont surajoutées l'une à l'autre, les éléments jouent le même rôle que les pouvoirs. Non seulement toutes les choses leur sont rapportées, suivant les substances qui les composent ou suivant leurs formes, mais encore les événements historiques, les accidents du sol, etc. Les planètes elles-mêmes leur sont attribuées : Vénus est l'étoile du métal, Mars l'étoile du feu, etc. D'autre part, cette classification est reliée à l'ensemble du système par ce fait que chacun des éléments est localisé dans une division fondamentale. Il a suffi de mettre, comme il était juste d'ailleurs, la terre au centre du monde, pour pouvoir la répartir entre les quatre régions de l'espace. Par suite, ils sont, eux aussi, comme les régions, bons ou mauvais, puissants ou faibles, générateurs ou engendrés.

Nous ne poursuivrons pas la pensée chinoise dans ses mille et mille replis traditionnels. Pour pouvoir adapter aux faits les principes sur lesquels repose ce système, elle a multiplié, compliqué, sans se lasser, les divisions et subdivisions des espaces et des choses. Elle n'a même pas craint les contradictions les plus expresses. Par exemple, on a pu voir que la terre est alternativement située au Nord, au Nord-Est et au Centre. C'est qu'en effet, cette classification avait surtout pour objet de régler la conduite des hommes; or, elle arrivait à cette fin, tout en évitant les démentis de l'expérience, grâce à cette complexité même.

Il nous reste pourtant à expliquer une dernière complication du système chinois : comme les espaces, comme les choses et les événements, les temps eux-mêmes en font partie. Aux quatre régions correspondent les quatre saisons. De plus, chacune de ces régions est subdivisée en six parties, et ces vingt-quatre subdivisions donnent naturellement les vingt-quatre saisons de l'année chinoise. Cette concordance n'a rien qui doive nous surprendre. Dans tous les systèmes de pensée dont nous venons de parler, la considération des temps est parallèle à celle des espaces. Dès qu'il y a orientation, les saisons sont rapportées nécessairement aux points cardinaux, l'hiver au Nord, l'été au Midi, etc. Mais la distinction des saisons n'est qu'un premier pas dans le comput des temps. Celui-ci, pour être complet, suppose en outre une division en cycles, années, jours, heures, qui permette de mesurer toutes les étendues temporelles, grandes ou petites. Les Chinois sont arrivés à ce résultat par le procédé suivant. Ils ont constitué deux cycles, l'un de douze divisions et l'autre de dix; chacune de ces divisions a son nom et son caractère propre, et ainsi chaque moment du temps est représenté par un binôme de caractères, empruntés aux deux cycles différents [1]. Ces deux cycles s'emploient concurremment aussi bien pour les années que pour les jours, les mois et les heures, et l'on arrive ainsi à une mensuration assez exacte. Leur combinaison forme, par suite, un cycle sexagésimal [2], puisque, après cinq révolutions du cycle de douze, et six révolutions du cycle de dix, le même

[1]   Dans les plus anciens classiques ils sont appelés les dix mères et les douze enfants.
[2]   On sait que les divisions duodécimales et sexagésimales ont servi de base à la mensuration chinoise du cercle céleste, et à la division de la boussole divinatoire.

binôme de caractères revient exactement qualifier le même temps. Tout comme les saisons, ces deux cycles, avec leurs divisions, sont reliés à la rose des vents, et, par l'intermédiaire des quatre points cardinaux, aux cinq éléments; et c'est ainsi que les Chinois en sont arrivés à cette notion, extraordinaire au regard de nos idées courantes, d'un temps non homogène, symbolisé par les éléments, les points cardinaux, les couleurs, les choses de toute espèce qui leur sont subsumées, et dans les différentes parties duquel prédominent les influences les plus variées.

Ce n'est pas tout. Les douze années du cycle sexagénaire sont rapportées, en outre, à douze animaux qui sont rangés dans l'ordre suivant : le rat, la vache, le tigre, le lièvre, le dragon, le serpent, le cheval, la chèvre, le singe, la poule, le chien et le porc. Ces douze animaux sont répartis trois par trois entre les quatre points cardinaux, et par là encore cette division des temps [1] est reliée au système général. Ainsi, disent des textes datés du début de notre ère, « une année « tzé » a pour animal le rat, et elle appartient au Nord et à l'eau : une année « wa » appartient au feu, c'est-à-dire au Sud, et son animal est le cheval ». Subsumées sous les éléments [2], les années le sont aussi sous les régions, représentées elles-mêmes par les animaux. Nous sommes évidemment en présence d'une multitude de classements entrelacés et qui, malgré leurs contradictions, enserrent la réalité d'assez près pour pouvoir guider assez utilement l'action [3].

---

[1]   Nous ne pouvons nous empêcher de penser que le cycle des douze divisions et les douze années représentées par des animaux n'étaient, à l'origine, qu'une seule et même division du temps, l'une ésotérique, l'autre exotérique. Un texte les appelle « les deux douzaines qui s'appartiennent » : ce qui parait bien indiquer qu'elles n'étaient qu'une seule et même douzaine diversement symbolisée.

[2]   Ici les éléments ne sont plus de nouveau que quatre : la terre cesse d'être élément pour devenir un principe premier. Cet arrangement était nécessaire pour qu'un rapport arithmétique pût être établi entre les éléments et les douze animaux. Les contradictions sont infinies.

[3]   Wells Williams, *The Middle Kingdom,* édition de 1899, II, p. 69 et s. Williams réduit de plus le cycle dénaire aux cinq éléments, chaque couple de la division décimale des temps correspondant à un élément. Il serait fort possible aussi que la division dénaire fût partie d'une orientation en cinq régions, la division duodénaire de l'orientation en quatre points cardinaux.

Cette classification des espaces, des temps, des choses, des espèces animales domine toute la vie chinoise. Elle est le principe même de la fameuse doctrine du *fung-shui*, et, par là, elle détermine l'orientation des édifices, la fondation des villes et des maisons, l'établissement des tombes et des cimetières; si l'on fait ici tels travaux, et là tels autres, si l'on entreprend certaines affaires à telle ou telle époque, c'est pour des raisons fondées sur cette systématique traditionnelle. Et ces raisons ne sont pas seulement empruntées à la géomancie; elles sont aussi dérivées des considérations relatives aux heures, aux jours, aux mois, aux années : telle direction, qui est favorable à un moment donné, devient défavorable à un autre. Les forces sont concourantes ou discordantes suivant les temps. Ainsi, non seulement dans le temps, comme dans l'espace, tout est hétérogène, mais les parties hétérogènes dont sont faits ces deux milieux se correspondent, s'opposent et se disposent dans un système un. Et tous ces éléments, en nombre infini, se combinent pour déterminer le genre, l'espèce des choses naturelles, le sens des forces en mouvement, les actes qui doivent être accomplis, donnant ainsi l'impression d'une philosophie à la fois subtile et naïve, rudimentaire et raffinée. C'est que nous sommes en présence d'un cas, particulièrement typique, où la pensée collective a travaillé, d'une façon réfléchie et savante, sur des thèmes évidemment primitifs.

En effet, si nous n'avons pas le moyen de rattacher par un lien historique le système chinois aux types de classification que nous avons étudiés précédemment, il n'est pas possible de ne pas remarquer qu'il repose sur les mêmes principes que ces derniers. La classification des choses sous huit chefs, les huit pouvoirs, donne une véritable division du monde en huit familles, comparable, sauf que la notion du clan en est absente, aux classifications australiennes. D'autre part, comme chez les Zuñis, nous avons trouvé à la base du système une division tout à fait analogue de l'espace en régions fondamentales. A ces régions se trouvent également rapportés les éléments, les vents et les saisons. Comme chez les Zuñis encore, chaque région a sa couleur propre et se trouve placée sous l'influence prépondérante d'un animal déterminé, qui symbolise, en même temps, les éléments, les pouvoirs et les moments de la durée. Nous n'avons, il est vrai, aucun moyen de prouver péremptoirement que ces animaux aient jamais été des totems. Quelque importance que les clans aient conservée en Chine et bien qu'ils présentent encore le caractère distinctif des clans les plus proprement totémiques, à savoir l'exogamie, il ne semble pourtant pas qu'ils aient autrefois porté les noms usités dans la dénomination des régions ou des heures. Mais il est tout au moins curieux qu'au Siam, d'après un auteur contemporain [1], il y aurait interdiction de mariage entre gens d'une même année et d'un même animal, alors même que cette année appartient à deux duodécades différentes; c'est-à-dire que le

---

[1]   Young, *The Kingdom of the Yellow Robe, 1896, p. 92.* Les autres auteurs ne mentionnent que la consultation des devins et la considération des cycles. Ce cycle semble avoir eu une histoire assez compliquéeAu Cambodge, le cycle est employé comme en Chine. Mais ni les auteurs ni les codes ne parlent d'interdictions matrimoniales relatives à ce cycle. Il est donc probable qu'il y a là tout simplement une croyance d'origine exclusivement divinatoire et d'autant plus populaire que la divination chinoise est plus en usage dans ces sociétés.

rapport soutenu par les individus avec l'animal auquel ils ressortissent agit sur les relations conjugales exactement comme le rapport qu'ils soutiennent, dans d'autres sociétés, avec leurs totems. D'autre part, nous savons qu'en Chine, l'horoscope, la considération des huit caractères joue un rôle considérable dans la consultation des devins préalable à toute entrevue matrimoniale. Il est vrai qu'aucun des auteurs que nous avons consultés ne mentionne comme légalement interdit un mariage entre deux individus d'une même année ou de deux années de même nom. Il est probable pourtant qu'un tel mariage doit être réputé comme particulièrement inanspicieux. En tout cas, si nous n'avons pas en Chine cette sorte d'exogamie entre gens nés sous un même animal, il ne laisse pas d'y avoir entre eux, à un autre point de vue, une relation quasi familiale. M. Doolittle, en effet, nous apprend que chaque individu est réputé appartenir à un animal déterminé, et tous ceux qui appartiennent à un même animal ne peuvent pas assister à l'enterrement les uns des autres.

La Chine n'est pas, d'ailleurs, le seul pays civilisé où nous retrouvions tout au moins des traces de classification qui rappellent celles que nous avons observées dans les sociétés inférieures.

Tout d'abord, nous venons de voir que la classification chinoise était essentiellement un instrument de divination. Or les méthodes divinatoires de la Grèce présentent avec celles des Chinois de remarquables similitudes, qui dénotent des procédés de même nature dans la manière dont sont classées les idées fondamentales [1]. L'attribution des éléments, des métaux aux planètes est un fait grec, peut-être chaldéen, aussi bien que chinois. Mars est le feu, Saturne l'eau, etc. La relation entre certaines sortes d'événements et certaines planètes, la considération simultanée des espaces et des temps, la correspondance particulière de telle région avec tel moment de l'année, avec telle espèce d'entreprise, se rencontrent également dans ces différentes sociétés [2]. Une coïncidence plus curieuse encore est celle qui permet de rapprocher l'astrologie et la physiognomonie des Chinois de celles des Grecs et, peut-être, de celles des Égyptiens. La théorie grecque de la mélothésie zodiacale et planétaire, qui est, croit-on, d'origine égyptienne, a pour objet d'établir entre certaines parties du corps, d'une part, et, de l'autre, certaines positions des astres, certaines orientations, certains événements, d'étroites correspondances. Or il existe également en Chine une doctrine fameuse qui repose sur le même principe. Chaque élément est rapporté à un point cardinal, à une constellation, à une couleur déterminée, et ces divers groupes de choses sont censés, à leur tour, correspondre à diverses espèces d'organes, résidence des diverses âmes, aux passions et aux différentes parties dont la réunion forme « le caractère naturel ». Ainsi, le *yang,* principe mâle de la lumière et du ciel, a pour viscère le foie, pour *mansion* la vessie, pour ouverture les oreilles et les sphincters [3]. Or cette théorie, dont on voit la généralité, n'a pas seulement un

---

[1]   On s'est même demandé s'il n'y avait pas eu emprunt direct ou indirect, d'un de ces peuples à l'autre.

[2]   Épicure critique précisément les pronostics tirés des animaux (célestes?) comme étant basés sur l'hypothèse de la coïncidence des temps, des directions, et des événements suscités par la divinité.

[3]   D'après Pan-Ku, auteur du deuxième siècle, qui s'appuie sur des auteurs beaucoup plus anciens.

intérêt de curiosité; elle implique une certaine manière de concevoir les choses. Le monde y est, en effet, rapporté à l'individu; les êtres y sont, en quelque sorte, exprimés en fonction de l'organisme vivant; c'est proprement la théorie du microcosme.

Rien, d'ailleurs, n'est plus naturel que le rapport ainsi constaté entre la divination et les classifications de choses. Tout rite divinatoire, si simple soit-il, repose sur une sympathie préalable entre certains êtres, sur une parenté traditionnellement admise entre tel signe et tel événement futur. De plus, un rite divinatoire n'est généralement pas seul; il fait partie d'un tout organisé. La science des devins ne constitue donc pas des groupes isolés de choses, mais relie ces groupes les uns aux autres. Il y a ainsi, à la base d'un système de divination, un système, au moins implicite, de classification.

Mais c'est surtout à travers les mythologies que l'on voit apparaître, d'une manière presque ostensible, des méthodes de classement tout à fait analogues à celles des Australiens ou des Indiens de l'Amérique du Nord. Chaque mythologie est, au fond, une classification, mais qui emprunte ses principes à des croyances religieuses, et non pas à des notions scientifiques. Les panthéons bien organisés se partagent la nature, tout comme ailleurs les clans se partagent l'univers. Ainsi l'Inde répartit les choses, en même temps que leurs dieux, entre les trois mondes du ciel, de l'atmosphère et de la terre, tout comme les Chinois classent tous les êtres suivant les deux principes fondamentaux du *yang* et du *yin*. Attribuer telles ou telles choses naturelles à un dieu, revient à les grouper sous une même rubrique génétique, à les ranger dans une même classe; et les généalogies, les identifications admises entre les divinités impliquent des rapports de coordination ou de subordination entre les classes de choses que représentent ces divinités. Quand Zeus, père des hommes et des dieux, est dit avoir donné naissance à Athéna, la guerrière, la déesse de l'intelligence, la maîtresse de la chouette, etc., c'est proprement deux groupes d'images qui se trouvent reliés et classés l'un par rapport à l'autre. Chaque Dieu a ses doublets qui sont d'autres formes de lui-même, tout en ayant d'autres fonctions; par là, des pouvoirs divers, et les choses sur lesquelles s'exercent ces pouvoirs se trouvent rattachées à une notion centrale ou prépondérante, comme l'espèce au genre ou une variété secondaire à l'espèce principale. C'est ainsi qu'à Poseidon, dieu des eaux, se relient d'autres personnalités plus pâles, des dieux agraires (Aphareus, Aloeus, le laboureur, le batteur), des dieux de chevaux (Actor, Elatos, Hippocoon, etc.), un dieu de la végétation (Phutalmios).

Ces classifications sont même des éléments tellement essentiels des mythologies développées qu'elles ont joué un rôle important dans l'évolution de la pensée religieuse; elles ont facilité la réduction à l'unité de la multiplicité des dieux et, par là, elles ont préparé le monothéisme. L' « hénothéisme » [1] qui caractérise la mythologie brahmanique, au moins une fois qu'elle eut atteint un certain développement, consiste, en réalité, dans une tendance à réduire de plus en plus les dieux les uns aux autres, si bien que chacun a fini par posséder les attributs de tous les autres et même leurs

---

[1]   Le mot est de Marx Müller qui, d'ailleurs, l'applique à tort aux formes primitives du brahmanisme.

noms. Une classification instable où le genre devient facilement l'espèce et inversement, mais qui manifeste une tendance croissante pour l'unité, voilà ce qu'est, d'un certain point de vue, le panthéisme de l'Inde prébouddhique; et il en est de même du civaïsme et du vishnouisme classique. M. Usener a également montré dans la systématisation progressive des polythéismes grecs et romains une condition essentielle de l'avènement du polythéisme occidental. Les petits dieux locaux, spéciaux, se rangent peu à peu sous des chefs plus généraux, les grands dieux de la nature, et tendent à s'y absorber. Pendant un temps, la notion de ce que les premiers ont de spécial, se maintient; le nom de l'ancien dieu coexiste avec celui du grand dieu, mais seulement comme attribut de ce dernier; puis son existence devient de plus en plus fantomatique jusqu'au jour où les grands dieux subsistent seuls, sinon dans le culte, du moins dans la mythologie. On pourrait presque dire que les classifications mythologiques, quand elles sont complètes et systématiques, quand elles embrassent l'univers, annoncent la fin des mythologies proprement dites, Pan, le Brahman, Prajâpati, genres suprêmes, êtres absolus et purs sont des figures mythiques presque aussi pauvres d'images que le Dieu transcendantal des chrétiens.

Et par là, il semble que nous nous rapprochions insensiblement des types abstraits et relativement rationnels qui sont au sommet des premières classifications philosophiques. Déjà il est certain que la philosophie chinoise, quand elle est proprement taoïste, repose essentiellement sur le système de classification que nous avons décrit. En Grèce, sans vouloir rien affirmer relativement à l'origine historique des doctrines, on ne peut s'empêcher de remarquer que les deux principes de l'ionisme héraclitéen, la guerre et la paix, ceux d'Empédocle, l'amour et la haine, se partagent les choses, comme font le yin et le yang dans la classification chinoise. Les rapports établis par les pythagoriciens entre les nombres, les éléments, les sexes, et un certain nombre d'autres choses ne sont pas sans rappeler les correspondances d'origine magico-religieuse dont nous avons eu l'occasion de parler. D'ailleurs, même au temps de Platon, le monde était encore conçu comme un vaste système de sympathies classées et hiérarchisées [1].

V

Les classifications primitives ne constituent donc pas des singularités exceptionnelles, sans analogie avec celles qui sont en usage chez les peuples les plus cultivés; elles semblent, au contraire, se rattacher sans solution de continuité aux premières classifications scientifiques. C'est qu'en effet, si profondément qu'elles diffèrent de ces dernières sous certains rapports, elles ne laissent pas cependant d'en

---

[1]   La philosophie hindoue abonde en classifications correspondantes des choses, des éléments, des sens, des hypostases. On trouvera énumérées et commentées les principales dans Deussen, *Allgemeine Geschichte der Philosophie, 1, 2, p. 85, 89, 95,* etc. Une bonne partie des *Upanishads* consiste en spéculations sur les généalogies et les correspondances.

avoir tous les caractères essentiels. Tout d'abord, elles sont, tout comme les classifications des savants, des systèmes de notions hiérarchisées. Les choses n'y sont pas simplement disposées sous la forme de groupes isolés les uns des autres, mais ces groupes soutiennent les uns avec les autres des rapports définis et leur ensemble forme un seul et même tout. De plus, ces systèmes, tout comme ceux de la science, ont un but tout spéculatif. Ils ont pour objet, non de faciliter l'action, mais de faire comprendre, de rendre intelligibles les relations qui existent entre les êtres. Étant donné certains concepts considérés comme fondamentaux, l'esprit éprouve le besoin d'y rattacher les notions qu'il se fait des autres choses. De telles classifications sont donc, avant tout, destinées à relier les idées entre elles, à unifier la connaissance; à ce titre, on peut dire sans inexactitude qu'elles sont œuvre de science et constituent une première philosophie de la nature [1]. Ce n'est pas en vue de régler sa conduite ni même pour justifier sa pratique que l'Australien répartit le monde entre les totems de sa tribu; mais c'est que, la notion du totem étant pour lui cardinale, il est nécessité de situer par rapport à elle toutes ses autres connaissances. On peut donc penser que les conditions dont dépendent ces classifications très anciennes ne sont pas sans avoir joué un rôle important dans la genèse de la fonction classificatrice en général.

Or il ressort de toute cette étude que ces conditions sont de nature sociale. Bien loin que, comme semble l'admettre M. Frazer, ce soient les relations logiques des choses qui aient servi de base aux relations sociales des hommes, en réalité ce sont celles-ci qui ont servi de prototype à celles-là. Suivant lui, les hommes se seraient partagés en clans suivant une classification préalable des choses; or, tout au contraire, ils ont classé les choses parce qu'ils étaient partagés en clans.

Nous avons vu, en effet, comment c'est sur l'organisation sociale la plus proche et la plus fondamentale que ces classifications ont été modelées. L'expression est même insuffisante. La société n'a pas été simplement un modèle d'après lequel la pensée classificatrice aurait travaillé; ce sont ses propres cadres qui ont servi de cadres au système. Les premières catégories logiques ont été des catégories sociales; les premières classes de choses ont été des classes d'hommes dans lesquelles ces choses ont été intégrées. C'est parce que les hommes étaient groupés et se pensaient sous forme de groupes qu'ils ont groupé idéalement les autres êtres, et les deux modes de groupement ont commencé par se confondre au point d'être indistincts. Les phratries ont été les premiers genres; les clans, les premières espèces. Les choses étaient censées faire partie intégrante de la société et c'est leur place dans la société qui

---

[1]   Par là, elles se distinguent très nettement de ce qu'on pourrait appeler les classifications technologiques. Il est probable que, de tout temps, l'homme a plus ou moins nettement classé les choses dont il se nourrit suivant les procédés qu'il employait pour s'en saisir : par exemple en animaux qui vivent dans l'eau, ou dans les airs, ou sur la terre. Mais d'abord, les groupes ainsi constitués ne sont pas reliés les uns aux autres et systématisés. Ce sont des divisions, des distinctions de notions, non des tableaux de classification. De plus, il est évident que ces distinctions sont étroitement engagées dans la pratique dont elles ne font qu'exprimer certains aspects. C'est pour cette raison que nous n'en avons pas parlé dans ce travail où nous cherchons surtout à éclairer un peu les origines du procédé logique qui est à la base des classifications scientifiques.

déterminait leur place dans la nature. Même on peut se demander si la manière schématique dont les genres sont ordinairement conçus ne dépendrait pas en partie des mêmes influences. C'est un fait d'observation courante que les choses qu'ils comprennent sont généralement imaginées comme situées dans une sorte de milieu idéal, de circonscription spatiale plus ou moins nettement limitée. Ce n'est certainement pas sans cause que, si souvent, les concepts et leurs rapports ont été figurés par des cercles concentriques, excentriques, intérieurs, extérieurs les uns aux autres, etc. Cette tendance à nous représenter des groupements purement logiques sous une forme qui contraste à ce point avec leur nature véritable ne viendrait-elle pas de ce qu'ils ont commencé par être conçus sous la forme de groupes sociaux, occupant, par suite, un emplacement déterminé dans l'espace? Et, en fait, n'avons-nous pas observé cette localisation spatiale des genres et des espèces dans un assez grand nombre de sociétés très différentes?

Non seulement la forme extérieure des classes, mais les rapports qui les unissent les unes aux autres sont d'origine sociale. C'est parce que les groupes humains s'emboîtent les uns dans les autres, le sous-clan dans le clan, le clan dans la phratrie, la phratrie dans la tribu, que les groupes de choses se disposent suivant le même ordre. Leur extension régulièrement décroissante à mesure qu'on passe du genre à l'espèce, de l'espèce à la variété, etc., vient de l'extension également décroissante que présentent les divisions sociales à mesure qu'on s'éloigne des plus larges et des plus anciennes pour se rapprocher des plus récentes et des plus dérivées. Et si la totalité des choses est conçue comme un système un, c'est que la société elle-même est conçue de la même manière. Elle est un tout, ou plutôt elle est le tout unique auquel tout est rapporté. Ainsi la hiérarchie logique n'est qu'un autre aspect de la hiérarchie sociale et l'unité de la connaissance n'est autre chose que l'unité même de la collectivité, étendue à l'univers.

Il y a plus : les liens mêmes qui unissent soit les êtres d'un même groupe, soit les différents groupes entre eux, sont conçus comme des liens sociaux. Nous rappelions au début que les expressions par lesquelles nous désignons encore aujourd'hui ces relations ont une signification morale; mais, tandis qu'elles ne sont plus guère pour nous que des métaphores, primitivement elles avaient tout leur sens. Les choses d'une même classe étaient réellement considérées comme parentes des individus du même groupe social, et, par suite, comme parentes les unes des autres. Elles sont de « la même chair », de la même famille. Les relations logiques sont alors en un sens, des relations domestiques. Parfois aussi, nous l'avons vu, elles sont de tous points comparables à celles qui existent entre le maître et la chose possédée, entre le chef 'et ses subordonnés. On pourrait même se demander si la notion, si étrange au point de vue positif, de la précellence du genre sur l'espèce n'a pas ici sa forme rudimentaire. De même que, pour le réaliste, l'idée générale domine l'individu, de même le totem du clan domine celui des sous-clans et, plus encore, le totem personnel des individus; et là où la phratrie a gardé sa consistance première, elle a sur les divisions qu'elle comprend et les êtres particuliers qui y sont compris une sorte de primauté. Bien qu'il soit essentiellement wartwut et particulièrement moiviluk, le Wotjoballuk de M.

Howitt est, avant tout, un Krokitch ou un Gamutch. Chez les Zuñis, les animaux qui symbolisent les six clans fondamentaux sont préposés souverainement à leurs sous-clans respectifs et aux êtres de toute sorte qui y sont groupés.

Mais si ce qui précède permet de comprendre comment a pu se constituer la notion de classes, reliées entre elles dans un seul et même système, nous ignorons encore quelles sont les forces qui ont induit les hommes à répartir les choses entre ces classes selon la méthode qu'ils ont adoptée. De ce que le cadre extérieur de la classification est fourni par la société, il ne suit pas nécessairement que la façon dont ce cadre a été employé tient à des raisons de même origine. Il est très possible a *priori* que des mobiles d'un tout autre ordre aient déterminé la façon dont les êtres ont été rapprochés, confondus, ou bien, au contraire, distingués et opposés.

La conception si particulière qu'on se fait alors des liens logiques permet d'écarter cette hypothèse. Nous venons de voir, en effet, qu'ils sont représentés sous la forme de liens familiaux, ou comme des rapports de subordination économique ou politique; c'est donc que les mêmes sentiments qui sont à la base de l'organisation domestique, sociale, etc., ont aussi présidé à cette répartition logique des choses. Celles-ci s'attirent ou s'opposent de la même manière que les hommes sont liés par la parenté ou opposés par la vendetta. Elles se confondent comme les membres d'une même famille se confondent dans une pensée commune. Ce qui fait que les unes se subordonnent aux autres, c'est quelque chose en tous points analogue à ce qui fait que l'objet possédé apparaît comme inférieur à son propriétaire et le sujet à son maître. Ce sont donc des états de l'âme collective qui ont donné naissance à ces groupements, et, de plus, ces états sont manifestement affectifs. Il y a des affinités sentimentales entre les choses comme entre les individus, et c'est d'après ces affinités qu'elles se classent.

Nous arrivons ainsi à cette conclusion : c'est qu'il est possible de classer autre chose que des concepts et autrement que suivant les lois du pur entendement. Car pour que des notions puissent ainsi se disposer systématiquement pour des raisons de sentiment, il faut qu'elles ne soient pas des idées pures, mais qu'elles soient elles-mêmes oeuvre de sentiment. Et en effet, -pour ceux que l'on appelle des primitifs, une espèce de choses n'est pas un simple objet de connaissance, mais correspond avant tout à une certaine attitude sentimentale. Toute sorte d'éléments affectifs concourent à la représentation qu'on s'en fait. Des émotions religieuses notamment, non seulement lui communiquent un coloris spécial, mais encore lui font attribuer les propriétés les plus essentielles qui la constituent. Les choses sont avant tout sacrées ou profanes, pures ou impures, amies ou ennemies, favorables ou défavorables [1]; c'est dire que leurs caractères les plus fondamentaux ne font qu'exprimer la manière dont elles affectent la sensibilité sociale. Les différences et les ressemblances qui déterminent la façon dont elles se groupent sont plus affectives qu'intellectuelles. Voilà comment il se fait que les choses changent, en quelque sorte, de nature suivant les sociétés ; c'est

---

[1] Maintenant encore, pour le croyant de bien des cultes, les aliments se classent avant tout en deux grands genres, les gras et les maigres et l'on sait tout ce qu'il y a de subjectif dans cette classification.

qu'elles affectent différemment les sentiments des groupes. Ce qui est conçu ici comme parfaitement homogène est représenté ailleurs comme essentiellement hétérogène. Pour nous, l'espace est formé de parties semblables entre elles, substituables les unes aux autres. Nous avons vu pourtant que, pour bien des peuples, il est profondément différencié selon les régions. C'est que chaque région a sa valeur affective propre. Sous l'influence de sentiments divers, elle est rapportée à un principe religieux spécial et, par suite, elle est douée de vertus *sui generis* qui la distinguent de toute autre. Et c'est cette valeur émotionnelle des notions qui joue le rôle prépondérant dans la manière dont les idées se rapprochent ou se séparent. C'est elle qui sert de caractère dominateur dans la classification.

On a bien souvent dit que l'homme a commencé par se représenter les choses en se les rapportant à lui-même. Ce qui précède permet de mieux préciser en quoi consiste cet anthropocentrisme, que l'on appellerait mieux du *sociocentrisme*. Le centre des premiers systèmes de la nature, ce n'est pas l'individu; c'est la société [1]. C'est elle qui s'objective, et non plus l'homme. Rien n'est plus démonstratif à cet égard que la manière dont les Indiens Sioux font tenir en quelque sorte le monde tout entier dans les limites de l'espace tribal; et nous avons vu comment l'espace universel lui-même n'est autre chose que l'emplacement occupé par la tribu, mais indéfiniment étendu au-delà de ses limites réelles. C'est en vertu de la même disposition mentale que tant de peuples ont placé le centre du monde, « le nombril de la terre », dans leur capitale politique ou religieuse [2], c'est-à-dire là où se trouve le centre de leur vie morale. De même encore, mais dans un autre ordre d'idées, la force créatrice de l'univers et de tout ce qui s'y trouve a d'abord été conçue comme l'ancêtre mythique, générateur de la société.

Voilà comment il se fait que la notion d'une classification logique a eu tant de mal à se former, comme nous le montrions au début de ce travail. C'est qu'une classification logique est une classification de concepts. Or, le concept est la notion d'un groupe d'êtres nettement déterminé; les limites en peuvent être marquées avec précision. Au contraire, l'émotion est chose essentiellement floue et inconsistante. Son influence contagieuse rayonne bien au-delà de son point d'origine, s'étend à tout ce qui l'entoure, sans qu'on puisse dire où s'arrête sa puissance de propagation. Les états de nature émotionnelle participent nécessairement du même caractère. On ne peut dire ni où ils commencent, ni où ils finissent; ils se perdent les uns dans les autres, mêlent leurs propriétés de telle sorte qu'on ne peut les catégoriser avec rigueur. D'un autre côté, pour pouvoir marquer les limites d'une classe, encore faut-il avoir analysé les caractères auxquels se reconnaissent les êtres assemblés dans cette classe et qui les distinguent. Or l'émotion est naturellement réfractaire à l'analyse ou, du moins, s'y prête malaisément parce qu'elle est trop complexe. Surtout quand elle est

---

[1]   M. de la Grasserie a développé assez obscurément, et surtout sans preuves, des idées assez analogues aux nôtres dans ses *Religions comparées au point de vue sociologique*, chap. III.

[2]   Ce *qui* est compréhensible pour les Romains et même pour les Zuñis, l'est moins pour les habitants de l'île de Pâques, appelée Te Pito-te Henua (nombril de la terre); mais l'idée est partout parfaitement naturelle.

d'origine collective, elle défie l'examen critique et raisonné. La pression exercée par le groupe social sur chacun de ses membres ne permet pas aux individus de juger en liberté les notions que la société a élaborées elle-même et où elle a mis quelque chose de sa personnalité. De pareilles constructions sont sacrées pour les particuliers. Aussi l'histoire de la classification scientifique est-elle, en définitive, l'histoire même des étapes au cours desquelles cet élément d'affectivité sociale s'est progressivement affaibli, laissant de plus en plus la place libre à la pensée réfléchie des individus. Mais il s'en faut que ces influences lointaines que nous venons d'étudier aient cessé de se faire sentir aujourd'hui. Elles ont laissé derrière elles un effet qui leur survit et qui est toujours présent : c'est le cadre même de toute classification, c'est tout cet ensemble d'habitudes mentales en vertu desquelles nous nous représentons les êtres et les faits sous la forme de groupes coordonnés et subordonnés les uns aux autres.

On peut voir par cet exemple de quelle lumière la sociologie éclaire la genèse et, par suite, le fonctionnement des opérations logiques. Ce que nous avons essayé de faire pour la classification pourrait être également tenté pour les autres fonctions ou notions fondamentales de l'entendement. Déjà nous avons eu l'occasion d'indiquer, chemin faisant, comment même des idées aussi abstraites que celles de temps et d'espace sont, à chaque moment de leur histoire, en rapport étroit avec l'organisation sociale correspondante. La même méthode pourrait aider également à comprendre la manière dont se sont formées les idées de cause, de substance, les différentes formes du raisonnement, etc. Toutes ces questions, que métaphysiciens et psychologues agitent depuis si longtemps, seront enfin libérées des redites où elles s'attardent, du jour où elles seront posées en termes sociologiques. Il y a là du moins une voie nouvelle qui mérite d'être tentée.